DIE

MENSCHENFRESSER

VON TSAVO

von

Lieut.-Col. J. H. Patterson, D.S.O.

DIE

MENSCHENFRESSER

VON TSAVO

von

Lieut.-Col. J. H. Patterson, D.S.O.

Impressum:

© 2019 Maria Weber (Übers.)

3. Auflage.

Herstellung und Verlag: BoD-Books on Demand, Norderstedt

ISBN: 978-3-74488-302-3

Einleitung.

Mit der äußersten Verzagtheit präsentiere ich der Öffentlichkeit die folgenden Seiten. Aber diejenigen von meinen Freunden, die zufällig von meinen einzigartigen Erlebnissen in den Wildnis gehört haben, haben mich so oft aufgefordert, einen Bericht über meine Abenteuer zu schreiben, daß ich mich nach vielem Zögern endlich entschlossen habe, ihnen zu willfahren.

Ich bezweifle nicht, daß viele meiner Leser, die vielleicht noch niemals sehr weit von der Zivilisation entfernt waren, zu denken geneigt sind, daß einige der Vorfälle übertrieben dargestellt wurden. Ich kann ihnen nur versichern, daß ich die Tatsachen eher noch abgemildert, und mich bemüht habe, eine ganz einfache und unkomplizierte Darstellung der Dinge zu schildern, so wie sie tatsächlich geschehen sind.

Es muß daran erinnert werden, daß zu jener Zeit, als diese Ereignisse auftraten, die im britischen Ostafrika vorherrschenden Bedingungen sich sehr von den heutigen unterschieden. Die Eisenbahnschienen, die das Erscheinungsbild des Ortes modernisiert und in ihren Zügen die Zivilisation gebracht haben, waren damals erst im Bau begriffen, und das Land, durch das sie gebaut wurden, war noch in dem primitiven und wilden Zustand, in welchem es, fernab der Schienen, tatsächlich auch heute noch ist.

J. H. P. August, 1907.

Vorwort.

Es war vor etwa sieben oder acht Jahren, daß ich auf den Seiten der Zeitung *The Field* zum ersten Mal einen kurzen Bericht über die menschenfressenden Löwen von Tsavo von Col. J.H. Patterson las, der damals als Ingenieur mit dem Bau der Uganda-Bahn befaßt war,

Meine eigene lange Erfahrung in der afrikanischen Jagd sagte mir sofort, daß jedes Wort dieser spannenden Erzählung absolut wahr war. Mehr noch: Ich wußte, daß der Autor seine Geschichte in einer bescheidenen Art und Weise erzählt hatte, da er nur wenig Betonung auf die Gefahren legte, denen er sich in der Nacht ausgesetzt hatte, während er versuchte, die schrecklichen Menschenfresser zu töten, besonders bei jenem Anlaß, als er von einem sehr leichten Gerüst, das nur von vier klapprigen Stangen gestützt wurde, Wache hielt und selbst von einer der schrecklichen Bestien belauert wurde. Glücklicherweise verlor er nicht die Nerven, und es gelang ihm, den Löwen zu erschießen, gerade als dieser dazu ansetzte, auf ihn loszuspringen. Aber hätte dieser Löwe sich von hinten genähert, dann glaube ich, daß er Colonel Patterson vermutlich seiner langen Liste von Opfern hinzugefügt hätte, denn mir selbst sind drei Fälle bekannt, bei denen Männer aus Baumhäusern oder von Bäumen heruntergezogen worden waren, die höher waren als die fragile Konstruktion, von welcher aus

Colonel Patterson in dieser Schreckensnacht Wache hielt.

Von der Zeit Herodots an bis in die heutige Zeit sind unzählige Löwengeschichten erzählt und geschrieben worden. Ich selbst habe von einigen berichtet. Aber kein Bericht über Löwen, von dem ich je gehört oder gelesen habe, kommt in seiner lang anhaltenden und dramatischen Bedeutung der Geschichte der Menschenfresser von Tsavo gleich, wie sie von Colonel Patterson erzählt wurde. Ein Löwenbericht ist gewöhnlich eine Geschichte von Abenteuern, oft sehr schrecklich und herzergreifend, die einen nur ein paar Stunden einer Nacht beschäftigt. Aber die Erzählung der Menschenfresser von Tsavo ist ein Epos von schrecklichen Tragödien, das sich über mehrere Monate erstreckt und erst ganz zuletzt durch die Fähigkeit und die Entschlossenheit eines Mannes zu einem Ende gebracht wird.

Schließlich möchte ich sagen, daß ich den größten Teil zweier Nächte damit verbracht habe, die Korrekturbögen von Colonel Pattersons Buch zu lesen, und ich kann ihm versichern, daß die Zeit wie Magie vergangen ist. Meine Aufmerksamkeit wurde von der ersten Seite bis zur letzten gefesselt, denn ich fühlte, daß jedes Wort, das ich las, wahr war.

F. C. Selous.
Worplesdon, Surrey.
18. September 1907.

Inhalt.

Die

Menschenfresser

von Tsavo

KAPITEL I.

Meine Ankunft in Tsavo.

Es war gegen Mittag des 1. März 1898, als ich das erste Mal in den engen und etwas gefährlichen Hafen von Mombasa, an der Ostküste Afrikas, einfuhr. Die Stadt liegt auf einer gleichnamigen Insel, die vom Festland nur durch einen sehr engen Kanal getrennt ist, der den Hafen bildet; und als unser Schiff langsam hindurchdampfte, dicht unter der malerischen alten portugiesischen Festung, die vor über dreihundert Jahren erbaut wurde, war ich von der seltsamen Schönheit der Aussicht, die sich allmählich vor mir eröffnete, schier überwältigt. Entgegen meiner Erwartung sah alles frisch und grün aus, und ein reizender orientalischer Zauber schien über der Insel zu hängen. Die alte Stadt war in gleißenden Sonnenschein gebadet und spiegelte sich träge auf dem unbewegten Meer; ihre flachen Dächer und blendend weißen Wände lugten verträumt zwischen winkenden, hohen Kokosnußpalmen, riesigen Affen-

brotbäumen und sprießenden Mangobäumen hervor. Und der dunklere Hintergrund der reich bewaldeten Hügel und Hänge auf dem Festland bildete einen sehr effektvollen Rahmen zu einem schönen und für mich unerwarteten Bild.

Der Hafen von Mombasa.

Der Hafen war reichlich mit arabischen *Dhaus*[1] bestreut, von denen in einigen, glaube ich, auch heutzutage noch gelegentlich ein paar Sklaven nach Persien und Arabien geschmuggelt werden. Es war mir schon immer ein großes Rätsel, wie die Navigatoren der kleinen Schiffe ihren Weg von Hafen zu Hafen finden, ohne die Hilfe von Kompaß oder Sextanten, und wie sie es schaffen, die schrecklichen Stürme zu bewältigen, die

---

[1] Anmerk. d. Übers.: Ein in den Anliegerländern des indischen Ozeans verbreiteter Segelschifftyp.

zu bestimmten Jahreszeiten plötzlich die östlichen Meere heimsuchen. Ich erinnere mich, daß ich einmal auf eine *Dhau* getroffen bin, der inmitten des Indischen Ozeans in Seenot geraten war, und da seine Besatzung Notsignale abgab, verlangsamte unser Kapitän die Fahrt, um nachzusehen, was los wäre. Es waren vier Männer an Bord, alle fast verdurstet. Sie waren seit ein paar Tagen ohne irgendeine Art von Flüssigkeit gewesen und hatten völlig ihre Orientierung verloren. Nachdem wir ihnen einige Fässer Wasser gegeben hatten, dirigierten wir sie nach Maskat (der Hafen, den sie anfahren wollten), und unser Schiff nahm seine Reise wieder auf und ließ sie inmitten dieses spiegelglatten Meeres zurück. Ob sie es geschafft haben, ihr Ziel zu erreichen, habe ich niemals erfahren.

Als unser Dampfer seinen Weg zu seinem Ankerplatz machte, zauberte die romantische Umgebung des Hafens von Mombasa Visionen von mitreißenden Abenteuern der Vergangenheit hervor und erinnerte mich an die vielen Erzählungen von den rücksichtslosen Taten der Piraten und Sklavenhändler, die ich als Junge so entzückt gelesen hatte. Ich erinnerte mich, daß es an eben diesem Ort war, daß im Jahre 1498 der große Vasco da Gama beinahe sein Schiff und sein Leben durch den Verrat seines arabischen Steuermanns verlor, der plante, das Schiff auf dem Riff, das mehr als die Hälfte des Eingangs zum Hafen versperrte, zerschellen zu lassen. Glücklicherweise wurde dieses ruchlose Vor-

haben rechtzeitig entdeckt, und der kühne Navigator ließ den Steuermann sogleich hängen und hätte auch die Stadt verlassen, hätte der Sultan nicht rechtzeitig eingelenkt und sich entschuldigt. In der Hauptstraße von Mombasa — passenderweise *Vasco da Gama Straße* genannt — steht immer noch eine seltsam geformte Säule, von der gesagt wird, daß sie von diesem großen Seemann zum Gedenken an seinen Besuch errichtet worden ist.

Kaum war der Anker des Schiffes zu Wasser gelassen worden, als, wie durch Magie, unser Schiff von einer Flotte kleiner Boote und Einbäume umgeben war, die mit schreienden und herumgestikulierenden Eingeborenen besetzt waren. Nach einem kurzen Kampf um mein Gepäck und meine Person zwischen einigen rivalisierenden *Swahili*-Bootsmännern, fand ich mich von den *Bahareen*[2], die bei dem Zusammentreffen erfolgreich waren, energisch bis an den Fuß der Landungsstufen gerudert. Nun war mein Grund, in dieser Zeit nach Ostafrika zu kommen, daß ich eine Stellung antreten wollte, zu der ich vom Auswärtigen Amt für das Baupersonal der Uganda-Eisenbahn verpflichtet worden war. Sobald ich also gelandet war, fragte ich einen der Zollbeamten, wo das Hauptquartier der Eisenbahn zu finden wäre, und mir wurde gesagt, dass es in einem Ort namens Kilindini läge, etwa drei Meilen entfernt, auf der anderen Seite der Insel. Der beste Weg,

---

[2] Matrosen.

um dorthin zu gelangen, wurde ich weiter belehrt, war mit einem *Gharri*, das sich als ein kleiner Wagen herausstellte, mit zwei Sitzen, die Rücken an Rücken unter einem kleinen Baldachin platziert waren, und die auf schmalen Schienen liefen, die durch die Hauptstraße der Stadt führten.

Gharri in der Hauptstraße.

Dementsprechend habe ich mir eines dieser Fahrzeuge, die von zwei kräftigen *Swahili*-Jungen geschoben wurden, gesichert und flog bald über die Schienen, die, einmal außerhalb der Stadt, zum größten Teil durch dichte Haine von Mango- und Affenbrotbäumen, Bananenstauden und Palmen führte, in denen hier und da leuchtend gefärbte Schlingpflanzen in üppigen Girlanden aus dem Geäst hingen.

Bei der Ankunft in Kilindini machte ich mich auf den Weg zu den Eisenbahnbüros und wurde darüber informiert, daß ich landeinwärts stationiert werden und weitere Anweisungen im Laufe von ein oder zwei Tagen erhalten sollte.

Das Zelt in Kilindini.

In der Zwischenzeit stellte ich mein Zelt unter einigen schattigen Palmen in der Nähe der *Gharri*-Schienen auf und beschäftigte mich mit der Erkundung der Insel und mit der Beschaffung von Bekleidung und Vorräten, die für einen längeren Aufenthalt landeinwärts notwendig waren. Die Stadt Mombasa selbst fesselte meine Aufmerksamkeit natürlich am meisten. Sie soll angeblich etwa um das Jahr 1000 n. Chr. gegründet worden sein, aber die Entdeckung von alten ägyptischen Götzen und Münzen der frühen persischen und chine-

sischen Dynastien zeigt, daß sie zu verschiedenen Zeiten von Menschen der allerersten Zivilisationen besiedelt gewesen sein muß. In neueren Zeiten wurde sie von 1505 bis 1729 immer wieder mal von den Portugiesen gehalten, von welcher Besatzung eine bleibende Gedenkstätte in Form der grimmigen alten Festung geblieben ist, die um 1593 erbaut wurde – auf dem Gelände einer noch älteren Festung, wie man sagt. Diese kühnen Seeräuber nannten sie „Forte Jesus de Mombaca", und eine Inschrift, die dies bezeugt, ist noch immer über dem Haupteingang zu sehen. Die portugiesische Besetzung von Mombasa war jedoch nicht ohne ihre Wechselfälle. Vom 15. März 1696 an zum Beispiel wurde die Stadt für dreiunddreißig aufeinanderfolgende Monate von einer großen Flotte von arabischen *Dhaus* belagert, die die Insel vollständig umlagerten. Trotz Pest, Verrat und Hungersnot harrte die kleine Garnison tapfer bis zum 12. Dezember 1698 in der Jesus-Feste aus, zu der sie gezwungen gewesen war, sich zurückzuziehen, als die Araber einen letzten entschlossenen Angriff machten, die Zitadelle einnahmen und den Rest der Verteidiger, Männer und Frauen, mit dem Schwert hinrichteten. Es ist herzzerreißend zu lesen, daß nur zwei Tage später eine große portugiesische Flotte vor dem Hafen erschien und die langersehnte Verstärkung brachte. Danach machten die Portugiesen mehrere Versuche, Mombasa zurückzuerobern, waren aber erst 1728 erfolgreich, als die Stadt von General Sampayo gestürmt und erobert

wurde. Die Araber kehrten jedoch im nächsten Jahr in überwältigender Anzahl zurück und drängten die Portugiesen wieder heraus; und obwohl die letzteren im Jahre 1769 einen weiteren Versuch unternahmen, ihre Vormachtstellung wiederzuerlangen, gelang es ihnen doch nicht.

Fort Jesus.

Die Araber, wie sie vom Sultan von Sansibar vertreten werden, sind bis zum heutigen Tage die nominalen Besitzer von Mombasa; aber im Jahre 1887 gab Seyid Bargash, der damalige Sultan von Sansibar, für eine jährliche Miete eine Konzession seiner Festland-Territorien an die *Imperial British East Africa Association*, die 1888 zur *Imperial British East Africa Company* umbenannt wurde. Im Jahre 1895 übernahm

das Auswärtige Amt die Kontrolle über die Besitzungen der Gesellschaft und ein Protektorat wurde verkündet; und zehn Jahre später wurde die Verwaltung des Landes dem Kolonialamt übertragen.

Die letzten schweren Kämpfe auf der Insel fanden erst kürzlich, 1895/96, statt, als ein *Swahili*-Häuptling namens M'baruk bin Rashed, der sich zuvor bereits dreimal in Rebellion gegen den Sultan von Sansibar erhoben hatte, versuchte, den Briten zu trotzen und ihr Joch abzuwerfen Er wurde jedoch bei mehreren Gelegenheiten besiegt und schließlich gezwungen, nach Süden ins deutsche Territorium zu fliehen. Insgesamt hat Mombasa in der Vergangenheit seinen einheimischen Namen Kisiwa M'vitaa oder „Insel des Krieges" verdient. Aber unter der Besatzungsregel, die jetzt eingehalten wird, wird sie schnell zu einer blühenden und wohlhabenden Stadt, und als der Eintrittshafen für Uganda führt sie einen großen Speditionshandel mit dem Binnenland und hat mehrere ausgezeichnete Geschäfte, wo fast alles, von der Nadel bis zum Anker, leicht erhalten werden kann.

Kilindini liegt, wie gesagt, auf der gegenüberliegenden Seite der Insel, und wie der Name — „der Ort der tiefen Wasser" — impliziert, hat es einen viel besseren Hafen als jenen, den Mombasa besitzt. Der Kanal zwischen der Insel und dem Festland ist hier in der Lage, den größten Schiffen eine geräumige und sichere Verankerung zu bieten, und da die Anlegestelle

direkt mit dem Uganda-Eisenbahnnetz verbunden ist, ist Kilindini nun wirklich der Haupthafen geworden, der immer von Passagierschiffen und den schwereren Schiffen benutzt wird.

Kilindini.

Ich hatte fast eine Woche in Mombasa verbracht und wartete schon sehr unruhig auf meinen Marschbefehl, als ich mich eines Morgens freute, einen offiziellen Brief zu erhalten, der mich anwies, nach Tsavo zu reisen, etwa einhundertunddreißig Meilen von der Küste entfernt. Dort sollte ich den Bau des Streckenabschnittes an dieser Stelle übernehmen, wo soeben das Gleisende erreicht worden war. Ich fuhr also am nächsten Morgen bei Tageslicht in einem Sonderzug mit Mr. Anderson, dem Superintendenten des Schienenbaus und Dr. McCulloch, dem obersten Amtsarzt ab; und da das

Land in jeglicher Weise neu für mich war, fand ich die Reise höchst interessant.

Die Insel Mombasa ist vom Festland durch die Straße von Macupa getrennt, und die Eisenbahn überquert diese über eine etwa dreiviertel Meilen lange Brücke, die *Salisbury-Brücke* genannt wurde, zu Ehren des großen Ministers für auswärtige Angelegenheiten, unter dessen Leitung die Uganda-Eisenbahn gebaut wurde. Nach dem Erreichen des Festlandes wandte sich unser Zug für zwanzig Meilen stetig nach oben durch das wunderschön bewaldete, parkähnliche Land, und als wir aus den Wagenfenstern zurückblickten, konnten wir hin und wieder eine reizende Ansicht von Mombasa und Kilindini erhaschen, während jenseits dieser Städte der Indische Ozean im herrlichen Sonnenschein funkelte, so weit das Auge reichte. Als der Gipfel der Rabai-Hügel erreicht worden war, betraten wir die ausgedehnte Weite der Taru-Wüste, einer Wildnis, die mit armseligen Gestrüpp und verkümmerten Bäumen bestreut, und in der trockenen Jahreszeit mit einer Schicht von feinem rotem Staub bedeckt ist. Dieser Staub ist so fein, daß er überall einzudringen vermag und seinen Weg allerorten in den Wagen findet, während der Zug voranfährt. Von hier an gibt es mehr oder weniger reichlich Wild, aber die Tiere sind durch das dichte Unterholz, in dem sie sich verstecken, sehr schwer zu sehen. Wir haben es dennoch geschafft, ein paar von den Wagenfenstern aus zu erspähen, und bemerkten auch einige der Eingeborenen, die *Wa Nyika* oder „Kinder der Wildnis."

In Maungu, etwa achtzig Meilen von der Küste entfernt, kamen wir an das Ende dieser „Wüste", aber der beinahe einzige wahrnehmbare Unterschied im Charakter des Landes war, daß sich die Farbe des Staubes verändert hatte. Als unser Zug vorwärts durch das ebene Hochland schoß, sahen wir einen prächtigen Straußenvogel, der parallel zu den Gleisen schritt, als ob er ein Rennen mit uns austragen wollte. Dr. McCulloch ergriff sofort sein Gewehr und brachte den riesigen Vogel durch einen glücklichen Schuß zu Fall; die nächste und größere Schwierigkeit war jedoch, die Trophäe zu bergen.

Der erlegte Straußenvogel.

Eine Zeitlang nahm der Lokführer keine Notiz von unseren Signalen und Rufen, aber endlich gelang es uns, seine Aufmerksamkeit zu erlangen, und der Zug wurde dorthin zurückrangiert, wo der Strauß gefallen war. Er stellte sich als ein außergewöhnlich schönes Exemplar heraus, und wir mußten alle unsere Kraft aufbringen, um ihn an Bord des Zuges zu ziehen.

Bald danach erreichten wir Voi, das etwa hundert Meilen von der Küste entfernt liegt, und da dies die wichtigste Station auf der Strecke war, an der wir bisher vorbeigekommen waren, machten wir einen kurzen Halt, um einige laufende Bauarbeiten zu inspizieren. Als wir unsere Reise fortsetzten, entdeckten wir bald, daß im Charakter der Landschaft eine angenehme Veränderung vorgegangen war. Von einem Ort namens N'dii aus fährt die Eisenbahn einige Meilen durch ein wunderschön bewaldetes Land, das nach der öden Eintönigkeit der Wildnis, durch die wir gerade gefahren waren, um so einladender war. Südlich von uns war die N'dii-Gebirgskette zu sehen, die Wohnstätte des Wa Taita-Volkes, während sich zu unserer Rechten die schroffe Stirn des N'dungu-Steilhanges meilenweit nach Westen erstreckte. Hier ging unsere Reise nur langsam voran, da wir immer wieder anhielten, um die laufenden Arbeiten zu prüfen; aber schließlich, kurz vor der Dämmerung, erreichten wir unser Ziel: Tsavo. Ich schlief in jener Nacht in einer kleinen Palmhütte, die von einem früheren Reisenden gebaut worden war und die momentan zum Glück unbesetzt war. Sie war ziemlich heruntergekommen und verfallen, und besaß nicht einmal eine Tür; und als ich auf meinem schmalen Feldbett lag, konnte ich die Sterne durch das Dach funkeln sehen. Ich ahnte damals nicht, welche Abenteuer mich in dieser Umgebung erwarteten; und wenn ich gewußt hätte, daß zu dieser Zeit zwei wilde Untiere umherstreiften und jemanden suchten, den sie verschlingen könnten, glaube ich kaum, daß ich so friedlich in meinem baufälligen Unterschlupf geschlafen hätte.

Die Palmhütte in Tsavo.

Am nächsten Morgen stand ich zeitig auf, bereit, mich mit meiner neuen Umgebung vertraut zu machen. Mein erster Eindruck, als ich aus meiner Hütte herauskam, war, daß ich von allen Seiten durch einen dichten Bewuchs undurchdringlichen Dschungels eingeschlossen war: und als ich auf die Spitze eines kleinen Hügels in der Nähe geklettert war, fand ich das ganze Land, so weit wie ich sehen konnte, mit niedrigen, verkümmerten Bäumen, dichtem Unterholz und dornigen Akazien bedeckt. Die einzige Lichtung schien es dort zu geben, wo die schmale Spur für die Eisenbahn freigeschnitten worden war.

Eisenbahnschienen bei Tsavo.

Diese endlose *Nyika*, oder die Wildnis der weißlichen und blattlosen Zwergbäume, stellte eine gespenstische und sonnengeplagte Erscheinung dar; und hier und da sprang eine Zacke aus dunkelrotem, sonnenverbranntem Fels über den Dschungel hinaus und fügte der Trübsal des Bildes seine schroffe Kargheit hinzu. Nach Nordosten hin erstreckte sich die ununterbrochene Linie des N'dungu-Steilhanges, während ich weit im Süden nur einen flüchtigen Blick auf die schneebedeckte Spitze des hochaufragenden Kilimandscharo erhaschen konnte.

Der einzige Lichtblick der Umgebung war der Fluß, von dem Tsavo seinen Namen hat. Dies ist ein schnell strömender Fluß, immer kühl und immer fließend, wobei das letztere eine außergewöhnliche Eigenart in diesem Teil von Ostafrika ist; und der Saum von hohen grünen Bäumen entlang seiner Ufer bildete eine willkommene Erleichterung zur allgemeinen Monotonie der Landschaft.

Als ich mir solchermaßen eine grobe Vorstellung von der Umgebung verschafft hatte, kehrte ich zu meiner Hütte zurück und begann, mich ernsthaft auf meinen Aufenthalt an diesem abgelegenen Ort vorzubereiten. Die Vorräte wurden ausgepackt, und meine „Boys" schlugen mein Zelt auf einer kleinen Lichtung in der Nähe des Ortes auf, wo ich die Nacht zuvor, und nicht weit vom Hauptlager der Arbeiter entfernt, geschlafen hatte. Das Gleisende hatte zu dieser Zeit gerade die westliche Seite des Flusses erreicht, und einige Tausend indische Kulis und andere Arbeiter lagerten dort. Da die Strecke mit aller Geschwindigkeit gebaut werden mußte, war eine Abzweigung gemacht und der Fluß durch eine provisorische Brücke überquert worden. Meine hauptsächliche Arbeit war es, die bleibende Struktur zu errichten und alle anderen Arbeiten auf einer Strecke von dreißig Meilen auf jeder Seite des Tsavo zu vervollständigen. Ich erstellte demgemäß einen Überblick über das, was getan werden mußte, und schickte meine Anforderung um Arbeiter, Werkzeuge und Material an das Hauptquartier in Kilindini. In kurzer Zeit kamen Arbeiter und Vorräte herein, und der Lärm von Hämmern, Bohren und Sprengen hallte fröhlich durch die Lüfte.

KAPITEL II.

Das erste Auftreten der Menschenfresser.

Leider hielt dieser glückliche Stand der Dinge nicht lange an, und unsere Arbeit wurde bald auf ein unsanfte und bestürzende Weise unterbrochen. Zwei überaus gefräßige, unersättliche menschenfressende Löwen erschienen auf der Bühne und führten über neun Monate einen von unregelmäßigen Pausen unterbrochenen Krieg gegen die Eisenbahn und alle, die in Tsavo damit zu tun hatten. Dies gipfelte im Dezember 1898 in einer vollkommenen Schreckensherrschaft, als es ihnen gelang, die Schienenarbeiten für etwa drei Wochen ganz zum Stillstand zu bringen. Zuerst waren sie nicht immer erfolgreich in ihren Bemühungen, ein Opfer zu verschleppen, aber im Laufe der Zeit ließen sie sich von nichts mehr zurückhalten und trotzten in der Tat jeder Gefahr, um ihre Leibspeise zu erhalten. Ihre Methoden wurden dann so unheimlich, und ihre Menschenjagd zeitlich so gut angesetzt und so siegessicher, daß die Arbeiter fest glaubten, daß sie überhaupt keine wirklichen Tiere wären, sondern Teufel in der Gestalt von Löwen.

Viele Male haben mir die Kulis feierlich versichert, daß es absolut nutzlos wäre, den Versuch zu wagen, sie zu erschießen. Sie waren fest davon überzeugt, daß die wütenden Geister zweier verstorbener einheimischer Häuptlinge diese Gestalt angenommen hätten, um gegen eine Eisenbahnlinie zu protestieren, die durch ihr Land gebaut wurde, und um die ihnen solcherart zugefügte Beleidigung zu rächen, indem sie ihren Fortschritt hemmten.

Ich war erst ein paar Tage in Tsavo gewesen, als ich zum ersten Mal hörte, daß diese Untiere in der Gegend gesehen worden waren. Kurz darauf verschwanden ein oder zwei Kulis auf geheimnisvolle Weise, und mir wurde gesagt, daß sie in der Nacht aus ihren Zelten verschleppt und von Löwen verschlungen worden seien. Zu dieser Zeit schenkte ich der Geschichte keine Beachtung, sondern war eher geneigt zu glauben, daß die unglücklichen Männer die Opfer eines falschen Spiels durch die Hände einiger ihrer Kameraden geworden waren. Sie waren, als es geschah, sehr gute Arbeiter, und hatten jeweils eine Menge Rupien gespart; daher hielt ich es für sehr wahrscheinlich, daß einige Schurken aus den Arbeiterkolonnen sie wegen ihres Geldes ermordet hatten. Dieser Verdacht wurde jedoch sehr bald zerstreut. Etwa drei Wochen nach meiner Ankunft wurde ich eines Morgens bei Tagesanbruch geweckt und mir wurde erzählt, daß einer meiner *Jemadar*[3], ein feiner, starker Sikh[4] namens Ungan Singh, in der Nacht in seinem Zelt angefallen, herausgezogen und gefressen worden war.

Rechts das Zelt, aus dem Ungan Singh herausgezogen wurde.

Selbstverständlich verlor ich keine Zeit, um den Ort zu untersuchen, und war bald davon überzeugt, daß der Mann tatsächlich von einem Löwen verschleppt worden war, da dessen Pfotenabdrücke im Sand deutlich sichtbar waren, während die Furchen von den Fersen des Opfers die Richtung wiesen, in die es fortgeschleift worden war. Darüberhinaus teilte der *Jemadar* sein Zelt

---

[3] Anmerk. d. Übers.: Der unterste Offiziersrang der Britisch-Indischen Kolonialarmee.
[4] Anmerk. d. Übers.: Die Sikh-Religion ist eine im 15. Jh. n. Chr. in Nordindien (Punjab) entstandene monotheistische Religionsgemeinschaft.

mit einem halben Dutzend anderer Arbeiter, und einer seiner Bettnachbarn hatte den Vorfall mit eigenen Augen gesehen. Er schilderte in allen Einzelheiten, wie um Mitternacht der Löwe plötzlich den Kopf durch die offene Zelttür steckte und Ungan Singh – der der Öffnung am nächsten war – an der Kehle packte. Der unglückliche Kerl schrie „*Choro*[5]" und warf seine Arme um den Hals des Löwen. Im nächsten Augenblick war er fort, und seine zu Tode erschrockenen Gefährten lagen hilflos da und waren gezwungen, den schrecklichen Kampf, der draußen stattfand, mit anzuhören. Der arme Ungan Singh muß sehr um sein Leben gekämpft haben; aber hatte er eine Chance?

Als ich von dieser schrecklichen Geschichte hörte, machte ich mich sofort auf, das Tier zu verfolgen und wurde von Captain Haslem begleitet, der damals in Tsavo wohnte und welchen armen Kerl nur kurz darauf selbst ein tragisches Schicksal ereilte. Es war uns ein Leichtes, dem Weg des Löwen zu folgen, da er scheinbar mehrmals stehengeblieben war, bevor er seine Mahlzeit begann. Blutige Pfützen markierten diese Orte der Rast, wo er zweifellos der Gewohnheit der Menschenfresser gefrönt hatte, die Haut herunterzulecken, um an das frische Blut zu kommen[6]. Als wir den Ort

---

[5] *Laß los!*

[6] Ich bin aufgrund des Aussehens von zwei halb verzehrten Körpern, die ich später gefunden habe, zu der Annahme gekommen, daß dies ihre Gewohnheit ist: die Haut war stellenweise ver-

erreichten, wo der Körper verschlungen worden war, bot sich uns ein schreckliches Schauspiel. Der Boden war überall mit Blut, Fleischfetzen und Knochen bedeckt, aber der Kopf des unglücklichen *Jemadar* war, abgesehen von den Löchern, die die Fangzähne des Löwen hinterlassen hatten, als er ihn ergriff, intakt geblieben und lag ein kleines Stück von den anderen Überresten entfernt, mit weit aufgerissenen Augen, die einen erschrockenen, entsetzten Blick zeigten. Der Ort war sehr durcheinandergebracht, und bei näherer Untersuchung fanden wir heraus, daß zwei Löwen dort gewesen waren und wahrscheinlich um den Körper gekämpft hatten. Es war der schauerlichste Anblick, den ich je gesehen hatte. Wir sammelten die Reste so gut wie wir konnten zusammen und häuften Steine darauf, der Kopf mit seinem starren, entsetzten Blick schien uns die ganze Zeit zu beobachten, denn diesen haben wir nicht begraben, sondern brachten ihn zur Identifikation durch den Amtsarzt zum Lager zurück.

So trug sich mein erstes Erlebnis mit den menschenfressenden Löwen zu, und ich schwor an Ort und Stelle, daß ich keine Mühen scheuen würde, um die Gegend von den Bestien zu befreien. Ich ahnte nichts von den Schwierigkeiten, die mir bevorstanden, oder wie knapp ich davonkommen würde, das Schicksal Ungan Singhs zu teilen.

---

schwunden, und das Fleisch sah trocken aus, als wäre es ausgesaugt worden.

In eben jener Nacht hielt ich auf einem Baum in der Nähe des Zeltes des getöteten *Jemadars* Wache, und hoffte, daß die Löwen auf der Suche nach einem weiteren Opfer zurückkehren würden. Ein paar der ängstlicheren Kulis folgten mir zu meinem Hochsitz, und baten darum, mit mir auf dem Baum sitzen zu dürfen; alle anderen Arbeiter blieben in ihren Zelten, aber es wurden keine Türen mehr offengelassen.

Das eigene Zelt des Autors. Patterson links im Bild.

Ich hatte meine .303 und eine Kaliber 12 Schrotflinte bei mir, ein Faß voll Kugeln und das andere voll Patronen. Kurz nachdem ich mich auf meinen Beobachtungsposten niedergelassen hatte, wurden meine Hoffnungen, eines der Untiere zu erlegen, durch das Geräusch ihres unheilverkündenden Brüllens, das näher und näher kam, erweckt. Plötzlich hörte dies auf, und es herrschte für eine oder zwei Stunden Ruhe, da Löwen ihrer Beute stets in völliger Stille auflauern. Mit einem Mal aber hörten wir einen großen Aufruhr und wütende Schreie aus einem anderen Lager, das etwa eine halbe Meile entfernt lag; dann wußten wir, daß die Löwen dort ein Opfer gefunden hatten, und daß wir in dieser Nacht nichts weiter von ihnen sehen oder hören sollten.

Am nächsten Morgen erfuhr ich, daß eine der Bestien in ein Zelt im Railhead Camp, dem Lager am Gleisende, eingefallen war – von wo wir den nächtlichen Aufruhr gehört hatten – und mit einem armen Teufel, der dort geschlafen hatte, kurzen Prozeß gemacht hatte. Nach einer Nacht Ruhe bezog ich daher meinen Posten auf einem geeigneten Baum in der Nähe dieses Zeltes. Mir gefiel der Gedanke überhaupt nicht, nach Einbruch der Dämmerung die halbe Meile zu diesem Ort zu gehen, dennoch fühlte ich mich ziemlich sicher, weil einer meiner Männer eine helle Lampe hinter mir her trug. Ihm wiederum folgte ein anderer, der eine Ziege führte, die ich in der Hoffnung, daß der Löwe versucht sein könnte, sie anstatt eines Kulis zu ergreifen, unter meinem Baum anpflockte. Ein steter Nieselregen begann, kurz nachdem ich mich zu meiner Nachtwache niedergelassen hatte, und ich war bald gründlich durchgefroren und durchnäßt. Ich blieb auf meinem unbequemen Posten und hoffte, die Gelegenheit zu einem Schuß zu bekommen, doch ich erinnere mich nur zu gut an das Gefühl der ohnmächtigen Enttäuschung, das mich durchfuhr, als ich um Mitternacht Schreie und Rufe und ein herzzerreißendes Kreischen hörte, das mir sagte, daß die Menschenfresser mir wieder entkommen waren und andernorts ein weiteres Opfer gefordert hatten.

Zu dieser Zeit waren die verschiedenen Lager für die Arbeiter sehr verstreut, so daß die Löwen auf einer Strecke von etwa acht Meilen zu beiden Seiten des Tsavo hatten jagen können; und da es ihre Taktik zu sein schien, jede Nacht in ein anderes Lager einzufallen, war es äußerst schwierig, ihnen zuvorzukommen. Sie schienen außerdem die seltsame und fast unheimliche Fähigkeit zu besitzen, unsere Pläne vorauszuahnen, so daß, ganz gleich, wie wahrscheinlich oder wie verlockend ein Ort war, an dem wir auf sie warteten, sie diesen bestimmten Ort unweigerlich vermieden, und ihr nächtliches Opfer aus einem anderen Lager holten. Sie bei Tag zu jagen, darüberhinaus in einer so undurchdringlichen Wildnis, wie sie uns umgab, war ein überaus anstrengendes und wirklich tollkühnes Unterfangen. In einem dichten Dschungel von der Art um Tsavo hat das gejagte Tier jede Chance gegen den Jäger, da, so vorsichtig der letztere auch sein mag, gewiß ein toter Zweig oder etwas in der Art gerade im kritischen Moment knacken und das Tier dadurch aufschrecken wird. Dennoch habe ich niemals die Hoffnung aufgegeben, eines Tages ihre Höhle zu finden, und opferte dementsprechend meine gesamte Freizeit dafür auf, durch das Unterholz zu kriechen. Viele Male, als ich versuchte, mich durch dieses verworrene Gestrüpp zu zwingen, mußte ich von meinem Pistolenträger aus dem festem Griff der Akazien befreit werden; und oft gelang es mir unter unermeßlichen Qualen, die Spur der Löwen bis zum Fluß zu verfolgen, nachdem sie ein Opfer verschleppt hatten, nur um die Fährte wegen der felsigen Natur des Bodens, die sie scheinbar umsichtig wählten, um sich in ihren Bau zurückzuziehen, von dort an zu verlieren.

In diesem frühen Stadium des Kampfes, wie ich mich freue sagen zu können, waren die Löwen nicht immer erfolgreich in ihren Bemühungen, einen Menschen für ihre nächtliche Mahlzeit zu fangen, und es traten ein oder zwei amüsante Zwischenfälle auf, welche die Spannung lockerten, unter der unsere Nerven zu leiden begannen. Bei einer Gelegenheit ritt ein unternehmungslustiger *Bunniah*[7] eines Nachts auf seinem Esel, als plötzlich ein Löwe auf ihn lossprang und sowohl den Mann als auch das Tier zu Boden warf. Der Esel war schwer verwundet, und der Löwe gerade dabei, den Händler anzufallen, als sich irgendwie seine Krallen in einem Seil verstrickten, mit dem zwei leere Öldosen über den Hals des Esels gespannt worden waren. Das Scheppern und Geklappere, das dadurch entstand, als er sie hinter sich herzog, jagte ihm einen solchen Schreck

---

[7] Anmerk. d. Übers.: Ein indischer Händler.

ein, daß er schnurstracks kehrtmachte und in den Dschungel hineinsetzte, zur äußersten Erleichterung des erschrockenen *Bunniah*, der schnell auf den nächsten Baum hinaufkletterte und dort, vor Furcht zitternd, für den Rest der Nacht ausharrte.

Kurz nach dieser Episode gelang einem griechischen Vertragsarbeiter namens Themistokles Pappadimitrini eine ebenso wunderbare Flucht. Er schlief eines Nachts friedlich in seinem Zelt, als ein Löwe eindrang, zubiß — und sich mit der Matratze davonmachte, auf der er gelegen hatte. Abgesehen von dem unsanften Erwachen war der Grieche ziemlich unverletzt und litt an nichts Schlimmeren als einem argen Schrecken. Denselben Mann aber traf nicht lange danach ein tragisches Schicksal. Er war im Kilimandscharo-Bezirk gewesen, um Vieh zu kaufen, und wollte auf der Rückreise eine Abkürzung über Land zur Eisenbahn nehmen, aber er verdurstete unterwegs kläglich.

Bei einer anderen Gelegenheit wurden vierzehn Kulis, die gemeinsam in einem großen Zelt schliefen, eines Nachts von einem Löwen geweckt, der plötzlich auf das Zelt sprang und durch das Dach brach. Die Bestie landete mit einer Pranke auf der Schulter eines Kulis, die dabei übel zerrissen wurde; aber anstatt den Mann selbst zu ergreifen, packte er in seiner Eile einen großen Sack Reis, der zufällig im Zelt lag und machte sich damit davon, ließ ihn aber nach einer kurzen Strecke angeekelt fallen, als er seinen Fehler erkannte.

Dies waren aber nur die frühen Bemühungen der Menschenfresser. Später, wie wir sehen werden, beunruhigte oder erschreckte sie nichts auch nur im geringsten, und ausgenommen als Nahrung zeigten sie eine völlige Verachtung für den Menschen. Nachdem sie ein Opfer einmal ausgewählt hatten, ließen sie sich durch nichts davon abhalten, es zu erbeuten, ob es durch einen starken Zaun oder in einem geschlossenen Zelt geschützt war oder an einem brennendem Feuer saß. Schüsse, Schreien und Feuerbrände wurden von ihnen gleichermaßen verhöhnt.

KAPITEL III.

Der Angriff auf den Güterwagen.

Die ganze Zeit über wurde mein eigenes Zelt in einer offenen Lichtung aufgeschlagen, ungeschützt von einem wie auch immer gearteten Zaun um es herum. Eines Nachts, als der Amtsarzt, Dr. Rose, bei mir blieb, wurden wir etwa um Mitternacht geweckt, da wir etwas an den Zeltseilen herumstoßen hörten, aber als wir mit einer Laterne hinausgingen, konnten wir nichts entdecken. Das Tageslicht enthüllte jedoch deutlich die Spur eines Löwen, so daß ich mir vorstellen kann, daß bei dieser Gelegenheit der eine oder andere von uns nur knapp entkommen ist. Durch diese Erfahrung gewarnt, veranlaßte ich sofort, mein Quartier zu verlegen, und tat mich mit Dr. Brock zusammen, der gerade in Tsavo angekommen war, um die medizinische Leitung des Bezirks zu übernehmen. Wir teilten uns eine Hütte von Palmblättern und Geäst, die wir auf der östlichen Seite des Flusses gebaut hatten, in der Nähe der alten Karawanenroute nach Uganda; und wir hatten sie von einer kreisförmigen *Boma*, einem Dornenzaun, umgeben lassen, etwa siebzig Meter im Durchmesser, gut gebaut, dicht und hoch.

Die Hütte aus Palmblättern und Ästen.

Unsere persönlichen Diener lebten auch innerhalb der Umzäunung, und während der Nacht wurde stets ein helles Feuer in Gang gehalten. Um der Kühle willen, setzten sich Brock und ich abends für gewöhnlich auf die Veranda dieser Hütte, doch es war ziemlich nervenaufreibend zu versuchen, dort zu lesen oder zu schreiben, da wir nie wußten, wann ein Löwe über die

Boma springen, und uns angefallen haben könnte, bevor wir uns dessen bewußt wären. Deshalb behielten wir unsere Gewehre in greifbarer Nähe, und warfen so manchen ängstlichen Blick in die tiefschwarze Dunkelheit außerhalb des Feuerscheins. Bei ein oder zwei Gelegenheiten sahen wir am Morgen, daß die Löwen dem Zaun ganz nahe gekommen waren; aber glücklicherweise gelang es ihnen nie, hindurchzukommen.

Zu dieser Zeit wurden auch die Lager der Arbeiter von Dornenzäunen umgeben; nichtsdestotrotz gelang es den Löwen, über den einen oder anderen zu springen oder hindurchzubrechen, und regelmäßig alle paar Nächte wurde ein Mann verschleppt; die Berichte über das Verschwinden dieses oder jenes Arbeiters kamen mir mit schmerzlicher Häufigkeit zu Ohren. So lange aber das Gleisende-Lager – mit seinen zwei- oder dreitausend Mann, die über ein weites Gebiet verstreut waren – in Tsavo blieb, schienen die Kulis dem schrecklichen Tod ihrer Kameraden nicht allzu viel Aufmerksamkeit zu schenken.

Ich glaube, jeder Mann dachte, daß, da die Menschenfresser unter einer so großen Anzahl von Opfern zu wählen hatten, die Chancen, daß sie ausgerechnet ihn wählen würden, sehr klein wären. Als aber das große Lager sich mit den Schienen vorwärts verlagerte, änderten sich die Dinge erheblich. Ich wurde dann mit nur noch ein paar hundert Mann zurückgelassen, um die laufenden Arbeiten zu vollenden; und da alle verbliebenen Arbeiter natürlich zusammen in einem Lager untergebracht wurden, wurden die Aufmerksamkeiten der Löwen auffälliger und machten einen tieferen Eindruck.

Dichte *Boma*-Dornenhecken rund um das Lager der Arbeiter.

Daraufhin entstand eine regelrechte Panik, und es erforderte all meine Überzeugungskraft, die Männer zu veranlassen, weiter zu bleiben. Tatsächlich gelang es mir nur, indem ich ihnen erlaubte, alle regulären Arbeiten liegen zu lassen, bis sie außergewöhnlich dicke und hohe *Bomas* um jedes Lager gebaut hatten. Innerhalb dieser Umzäunungen wurden die ganze Nacht Feuer brennen gelassen, und es war auch die Pflicht der Nachtwache, ein halbes Dutzend leere Öldosen zum Klappern zu bringen, die an einem geeigneten Baum befestigt waren.

Diese bewegte der Wächter mit einem langen Seil, während er in seinem Zelt in Sicherheit saß; und der so entstandene fürchterliche Lärm wurde, in der Hoffnung, die Menschenfresser zu erschrecken, in der Zwischenzeit in regelmäßigen Abständen wiederholt. Doch trotz all dieser Vorsichtsmaßnahmen konnten die Löwen nicht abgehalten werden, es verschwanden weiterhin Männer.

Das Railhead Camp mit einem Teil seiner zwei- bis dreitausend Arbeiter.

Als die Gleisarbeiter weiterzogen, blieb ihr Lager-krankenhaus zurück. Es stand ziemlich abseits von den anderen Lagern, in einer Lichtung etwa eine Dreivier-telmeile von meiner Hütte entfernt, wurde aber durch einen guten dicken Zaun geschützt und war allem Anschein nach ziemlich sicher. Es schien aber, als ob Barrieren gegen die „Dämonen" nichts nutzten, denn schon bald fand einer von ihnen eine schwache Stelle in der *Boma* und brach durch. Bei dieser Gelegenheit gelang dem Krankenhausassistenten eine wunderbare Flucht. Er hörte draußen ein Geräusch, öffnete die Tür seines Zeltes und war entsetzt, einen ein paar Meter von ihm entfernt stehenden großen Löwen zu sehen, der ihn ansah. Die Bestie machte einen Satz auf ihn zu, was den Assistenten so erschreckte, daß er rückwärts sprang und dabei glücklicherweise eine Kiste mit medizinischen Vorräten umstieß. Diese stürzte mit einem so lauten Klirren von zerbrochenem Glas hinab, daß der Löwe für den Augenblick erschrak und in einen anderen Teil der Umzäunung sprang. Hier war er leider erfolgreicher, als er auf das Dach eines Zeltes, in dem acht Patienten lagen, sprang und hindurch brach. Zwei von ihnen wurden durch seinen Sprung schwer verwundet, während ein dritter armer Elender gepackt und gewaltsam durch den Dornenzaun gezogen wurde.

Das Zelt, unter dem die beiden verwundeten Männer lagen.

Die beiden verwundeten Kulis blieben, wo sie lagen, unter einem zerrissenen Zeltstück, das über sie gefallen war; und in dieser Position fanden der Arzt und ich sie bei unserer Ankunft am nächsten Morgen bald nach Sonnenaufgang. Wir entschlossen uns sofort, das Krankenhaus näher an das Hauptlager zu verlegen; ein frischer Lagerplatz wurde vorbereitet, eine kräftige Hecke um die Umzäunung herumgebaut, und alle Patienten vor Einbruch der Nacht verlegt.

Als ich gehört hatte, daß Löwen für gewöhnlich vor kurzem verlassene Lager besuchten, entschloß ich mich, die ganze Nacht in der geräumten *Boma* auszuharren, in der Hoffnung, eine Gelegenheit zu bekommen, einen von ihnen zu erwischen. Aber mitten während meiner einsamen Wache erlitt ich eine schwere Demütigung, als ich Rufe und gellende Schreie aus der Richtung des neuen Krankenhauses hörte, was mir nur zu deutlich sagte, daß unsere gefürchteten Feinde sich mir noch einmal entzogen hatten. Als ich bei Tageslicht auf den Platz eilte, fand ich heraus, daß einer der Löwen über den neu errichteten Zaun gesprungen war und den Krankenhaus-*Bhisti*[8] verschleppt hatte, und daß einige andere Kulis unfreiwillige Zeugen der schrecklichen Szene gewesen waren, die im Feuerschein des großen Lagerfeuers stattgefunden hatte. Der *Bhisti* hatte, wie es schien, auf dem Boden gelegen, mit dem Kopf in Richtung der Zeltmitte und mit den Füßen die Zeltwand

---

[8] Wasserträger.

berührend. Dem Löwen gelang es, den Kopf unter die Leinwand zu bringen, ihn am Fuß zu packen und herauszuziehen. In seiner Verzweiflung hielt der unglükkliche Wasserträger sich in einem vergeblichen Versuch, das Herausgezogenwerden zu verhindern, an einer schweren Kiste fest. Er zerrte sie mit sich, bis er selbst außerhalb des Zeltes und gezwungen war, die Kiste loszulassen, als sie durch die Zeltwand aufgehalten wurde. Dann konnte er ein Zeltseil ergreifen und hielt sich fest, bis es riß. Sobald der Löwe es geschafft hatte, ihn von dem Zelt zu lösen, packte er seinen Hals und brachte mit heftigem Schütteln die gequälten Schreie des armen *Bhisti* für immer zum Schweigen. Die Bestie nahm ihn dann in ihr Maul, wie eine riesige Katze eine Maus, und lief die *Boma* auf der Suche nach einer schwachen Stelle, um sie zu durchbrechen, auf und ab. Diese fand sie bald und stürzte hindurch, zerrte ihr Opfer mit sich und ließ Fetzen von zerrissenem Tuch und Fleisch als gräßliche Beweise seines Weges durch die Dornen zurück. Dr. Brock und ich konnten ihrer Spur leicht folgen, und fanden bald die Überreste etwa vierhundert Meter entfernt im Busch. Es war der übliche schreckliche Anblick. Sehr wenig war von dem unglücklichen *Bhisti* übrig geblieben – nur der Schädel, die Kiefer, ein paar der größeren Knochen und ein Teil der Handfläche mit einem oder zwei Fingern daran. An einem davon war ein silberner Ring, und dieser wurde zusammen mit den Zähnen (ein Relikt, das von gewissen Kasten sehr geschätzt wird), an die Witwe des Mannes in Indien geschickt.

Wieder wurde beschlossen, das Krankenhaus zu verlagern; und wieder wurde die Arbeit, darunter eine noch stärkere und dichtere *Boma*, vor Einbruch der Dunkelheit abgeschlossen. Als die Patienten verlegt worden waren, hatte ich einen geschlossenen Güterwagen in einer günstigen Lage auf einem Abstellgleis platziert, das in der Nähe des soeben verlassenen Geländes verlief, und in welchem Brock und ich vereinbart hatten, in dieser Nacht zu wachen. Wir ließen noch ein paar Zelte im Inneren der Umzäunung stehen und banden auch ein paar Stück Vieh darin als Köder für die Löwen an, die während des Nachmittags[9] an nicht weniger als drei verschiedenen Orten in der Gegend gesehen worden waren. Vier Meilen von Tsavo hatten sie versucht, einen Kuli zu ergreifen, der auf der Strecke ging. Glücklicherweise hatte er aber noch Zeit genug gehabt, auf einen Baum zu entkommen, wo er blieb, mehr tot als lebendig, bis er vom Streckenwärter gerettet wurde, der ihn aus einem vorbeifahrenden Zug erblickt hatte. Als nächstes erschienen sie in der Nähe der Bahnstation von Tsavo, und ein paar Stunden später sahen einige Arbeiter einen der Löwen Dr. Brock verfolgen, als er in der Dämmerung aus dem Krankenhaus zurückkehrte.

Gemäß unserem Plan machten sich der Arzt und ich nach dem Abendessen zum Güterwagen auf, der etwa

---

[9] 23. April.

eine Meile von unserer Hütte entfernt war. Im Lichte der nachfolgenden Ereignisse haben wir sehr dumm darin gehandelt, unseren Posten so spät einzunehmen; nichtsdestotrotz erreichten wir sicher unser Ziel und begannen um zehn Uhr unsere Wache. Wir hatten die untere Hälfte der Wagentür geschlossen, während die obere Hälfte für die Beobachtung weit geöffnet war, und wir sahen natürlich in Richtung der verlassenen *Boma*, die wir aber in der tintenschwarzen Dunkelheit nicht erkennen konnten. Für eine Stunde oder zwei war alles still, und die Totenstille wurde sehr eintönig und bedrückend, als plötzlich zu unserer Rechten ein trockener Zweig knackte, und wir wußten, daß irgendein Tier in der Nähe war. Bald darauf hörten wir einen dumpfen Schlag, als ob ein schwerer Körper über die *Boma* gesprungen wäre. Auch das Vieh wurde sehr aufgeregt, und wir konnten hören, wie es sich unruhig bewegte. Dann war wieder alles totenstill. Zu diesem Zeitpunkt schlug ich meinem Begleiter vor, daß ich aus dem Wagen herausgehen und mich auf dem Boden daneben niederlassen sollte, da ich in dieser Position besser sehen könnte, wenn der Löwe mit seiner Beute in unsere Richtung käme. Brock aber überredete mich, zu bleiben, wo ich war; und ein paar Sekunden später war ich von Herzen froh, daß ich seinen Rat angenommen hatte, denn in diesem Augenblick hatte sich einer der Menschenfresser – obwohl wir es nicht wußten – leise an uns herangepirscht und war schon fast in sprungbereitem

Abstand. Es war Befehl gegeben worden, den Eingang in die *Boma* zu versperren, und demgemäß lauschten wir in der Erwartung, den Löwen mit seiner Beute durch die Büsche brechen zu hören. Tatsächlich aber war die Tür nicht richtig verschlossen worden, und während wir uns fragten, was der Löwe so lange in der *Boma* machen könnte, war er die ganze Zeit über draußen gewesen, um uns zu belauern.

Plötzlich dachte ich, ich sähe etwas, das verstohlen auf uns zuschlich. Ich wußte jedoch nicht, ob ich meinen Augen noch trauen konnte, die zu jener Zeit durch das lange Hinausstarren in die Dunkelheit über-lastet waren, und fragte Brock flüsternd, ob er irgend-etwas sähe, während ich gleichzeitig den dunklen Gegenstand so gut wie ich konnte mit meinem Gewehr anvisierte. Brock antwortete nicht. Er erzählte mir später, daß er auch dachte, er hätte etwas sich bewegen gesehen, aber Angst gehabt habe, es zu sagen, damit ich nicht feuern sollte und sich dann herausstellte, daß doch nichts da wäre. Nachdem es wieder für ein oder zwei Sekunden totenstill war, sprang plötzlich ein riesiger Körper auf uns zu. „Der Löwe!" schrie ich, und wir beide schossen fast gleichzeitig – keinen Augenblick zu früh, denn in der nächsten Sekunde wäre die Bestie sicherlich im Wagen gelandet. Dem Anschein nach mußte er sich während seines Sprunges abgewendet haben, vermutlich durch den Blitz geblendet und durch den Lärm des doppelten Knalles erschreckt, der durch den Nachhall des hohlen Eisendaches des Wagens hundertfach verstärkt wurde. Wären wir nicht sehr aufmerksam gewesen, hätte er zweifellos einen von uns erwischt, und wir merkten, daß wir sehr viel Glück gehabt hatten und nur sehr knapp entkommen waren. Am nächsten Morgen fanden wir Brocks Kugel in den Sand neben einem Prankenabdruck eingebettet; sie hatte den Löwen um nicht mehr als fünf Zentimeter verpassen können. Meine war nirgendwo zu finden.

So endete meine erste direkte Begegnung mit einem der Menschenfresser.

KAPITEL IV.

Der Bau der Tsavo-Brücke.

Während dieses ganzen beschwerlichen Zeitraumes war der Bau der Gleisstrecke stetig vorangegangen, und die erste wichtige Arbeit, die ich bei der Ankunft begonnen hatte, war abgeschlossen. Dies war die Erweiterung eines Felseneinschnittes, durch den die Schienen bis an den Tsavo-Fluß führten. In der Eile, in der die Gleise verlegt wurden, war gerade genug von dem ursprünglichen Felsen weggeschnitten worden, um Raum für einen Triebwagen zu lassen, und folglich verfing sich alles, was außerhalb der Waggons oder Güterwagen lag, in den gezackten Felsvorsprüngen der Schneise. Ich selbst sah die Tür eines Gepäckwagens, die, in ihre Einzelteile zerschmettert, zurückgelassen worden war; und dementsprechend ließ ich eine ganze Gruppe von Gesteinsbohrern gleichzeitig arbeiten und hatte bald reichlich Platz geschaffen, um jeglichen Verkehr ungehindert passieren zu lassen. Während dies geschah, legte eine andere Gruppe von Männern die Fundamente einer Balkenbrücke, die zwischen dieser Schneise und der Bahnstation von Tsavo eine Senke überspannen sollte. Dies hätte zu lange gedauert, als das Gleisende noch an dieser Stelle war, so daß damals eine Abzweigung um sie herum gemacht worden war, die das provisorische Gleis fast bis zum Bett des *Nullahs*[10] hinab- und auf der anderen Seite wieder hinaufführte. Als die Fundamente und die Pfeiler fertig waren, wurde die Senke von einem Eisenträger überspannt; die Gleise, die zu ihr führten, lagen auf beiden Seiten auf, und die dauerhafte Strecke wurde in einer leichten Neigung gelegt.

Dann musste auch eine Wasserversorgung hergestellt werden; und das bedeutete eine sehr angenehme Arbeit für mich, indem ich begann, am Ufer des Flusses unter dem kühlen Schatten der Palmen Stufen anzulegen. Während dieser Arbeit nahm ich oft meine Lagerausrüstung mit, und ein in der Wildnis serviertes Mittagessen, gelegentlich mit einem Freund, der es mit

---

[10] Anm. d. Übers.: Ein *Nullah* bezeichnet auf Urdu einen Wasserlauf, ein enges, steiles Tal, wie das arabische *Wadi*.

einem teilte — wenn ein Freund verfügbar war — war herrlich.

Ein in der Wildnis serviertes Mahl. Autor links im Bild.

Bei einer speziellen Gelegenheit ging ich einen langen Weg den Fluß hinauf und wurde von einem jungen Mitarbeiter begleitet. Der Tag war außerordentlich heiß gewesen und wir waren beide entsprechend müde, als unsere Arbeit beendet war, so daß mein Begleiter vorschlug, daß wir ein Floß bauen und flußabwärts zurückfahren sollten. Ich war ziemlich skeptisch ob der Machbarkeit des Plans, aber trotzdem beschloß er, es zu versuchen. Nachdem wir mit unseren Äxten an die Arbeit gegangen waren, hatten wir bald ein Floß gebaut, wobei wir die Stämme mit jener Hanffaser zusammenbanden, die in der ganzen Gegend im Überfluß wächst. Als es fertig war, schoben wir es aus dem kleinen

Wasserbecken, in dem es gebaut worden war, in den Fluß hinaus und der junge Ingenieur sprang an Bord. Alles ging gut, bis es in die Strömung gelangte, wo es zu meinem großen Vergnügen prompt anmutig umkippte. Ich half meinem Freund, schnell ans Ufer und außerhalb der Reichweite von möglichen Krokodilen zu klettern, wo er, trotz seines Tauchganges unbeschadet, ebenso herzlich wie ich über dieses Abenteuer lachte.

Bis auf eine gelegentliche Entspannung dieser Art war jeder Moment meiner Zeit völlig verplant. Die Überwachung der verschiedenen Arbeiten und hundert andere Pflichten hielten mich den ganzen Tag beschäftigt, während meine Abende geopfert wurden, um Streitigkeiten unter den Kulis zu schlichten, Berichte und Beschwerden von den verschiedenen *Jemadar* und Arbeitern zu hören und die *Swahili*-Sprache zu lernen. Auch die Vorbereitungen für das Hauptstück der Arbeit im Bezirk – der Bau der Eisenbahnbrücke über den Tsavo-Fluß – gingen rasch voran. Diese beinhalteten viel persönliche Arbeit meinerseits. Quere und schräge Abschnitte des Flusses mußten gemessen, die Geschwindigkeit der Strömung und das Volumen des Wassers bei Überschwemmung, mittlerem und niedrigen Niveau gefunden, und alle notwendigen Berechnungen gemacht werden. Diese waren endlich fertiggestellt worden, ich markierte die Positionen für die Pfeiler und Träger, und die Arbeit, ihre Fundamente zu legen, wurde begonnen. Vor allem die beiden mittleren Pfeiler verursachten sehr viel Mühe, da der Fluß mehrere Male durchbrach, und gestaut und wieder trockengepumpt werden mußte, bevor die Arbeit wieder aufgenommen werden konnte. Dann stellten wir fest, daß wir viel tiefer graben mußten, als wir erwartet hatten, um ein solides Fundament zu erreichen, das Graben ging weiter und weiter, und ich begann schier zu verzweifeln, bis wir endlich, zu meiner Erleichterung, auf festen Felsen schlugen, auf den die riesigen Fundamentsteine vollkommen sicher gelegt werden konnten.

Eine weitere große Schwierigkeit, mit der wir zu kämpfen hatten, war das Fehlen von geeignetem Gestein in der Umgebung. Es war nicht so, daß keines zu finden gewesen wäre, denn die ganze Gegend ist reich an Fels, aber er war so extrem hart, daß es fast unmöglich war, damit zu arbeiten; und daraus eine Brücke zu bauen, wäre sehr kostspielig gewesen. Ich verbrachte viele erschöpfende Tage, während derer ich mich vergeblich auf der Suche nach einem passenden Material durch die dornige Wildnis schleppte, und ich begann schon zu glauben, daß wir gezwungen sein würden, eiserne Säulen für die Pfeiler zu benutzen, als ich eines Tages ganz zufällig über dasjenige welche stolperte. Brock und ich waren draußen auf der Jagd für unser Mittagessen, als ich einige Perlhühner unter den Büschen gackern hörte, ich machte einen Halbkreis um sie herum, damit Brock, um in Schußweite zu kommen, sie in meine Richtung treiben konnte. Ich kam schließlich an den Rand einer tiefen Schlucht und ließ mich auf ein Knie nieder, während ich mich unter den Farnen zusammenkauerte. Dort hatte ich kaum Zeit zu laden, als ein Vogel aufflog, den ich weit verfehlte; und ich hatte keine zweite Chance, denn Brocks darauf erfolgender wirklich erstklassiger Schuß hatte schnell ein Pärchen eingesackt. Mittlerweile spürte ich den Boden sehr hart unter meinem Knie, und als ich ihn untersuchte, fand ich heraus, daß die Ränder der Schlucht aus Stein bestanden, der sich in einem gewissen Umkreis erstreckte und genau die Art von Material war, die ich so lange fruchtlos gesucht hatte. Ich war sehr erfreut über meine unerwartete Entdeckung, obwohl ich anfangs große Bedenken über die zu durchquerende Distanz und die Schwierigkeit hegte, den Stein über das dazwischenliegende Land zu transportieren. Tatsächlich kam ich am Ende zu dem Schluß, daß die einzige Möglichkeit, das Material an die Stelle zu bringen, wo es gebraucht wurde, darin bestand, eine Gleislinie für Draisinen direkt entlang der Schlucht zu legen, eine provisorische Brücke über den Tsavo zu bauen, dem Fluß stromabwärts zu folgen und ihn nahe der dauerhaften Brücke erneut zu überqueren. Dementsprechend stellte ich sofort Männer dazu ab, den Dschungel zu roden und eine Straße vorzubereiten, auf der die doppelte Gleislinie für die Draisinen liegen sollte. Eines Morgens, als sie solchermaßen beschäftigt waren, sprang ein kleines *Paa* – eine sehr kleine Antilopenart – heraus, und fand sich plötzlich inmitten einer Gruppe von Kulis. Erschrocken und verwirrt durch das Schreien der Männer, lief es direkt zu Shere Shah, dem *Jemadar*, der sofort einen Korb über es stülpte und ihn festhielt. Ich kam gerade rechtzeitig an, um das Leben des anmutigen kleinen Tieres zu retten, und nahm es nach Hause in mein Lager, wo es sehr bald ein großartiges Haustier wurde. Tatsächlich wurde es so zahm, daß es während der Mahlzeiten auf meinen Tisch sprang und aus meiner Hand fraß.

Als die Straße für die Draisinengleise geräumt war, war das nächste Stück Arbeit der Bau der beiden provisorischen Brücken über den Fluß. Diese fertigten wir in der gröbsten Art und Weise aus Palmen und Stämmen, die an den Stellen gefällt wurden, wo wir den Fluß überqueren wollten, und wäre eine Flut gekommen, würde sie natürlich beide weggefegt haben. Glücklicherweise geschah dies jedoch nicht, bis die Arbeiten abgeschlossen waren. Die gesamte Zuleitung war in sehr kurzer Zeit fertig, und bald fuhren Draisinen hin und her mit viel Steinen und Sand, den wir auch in Hülle und Fülle und von guter Qualität im Bett der Schlucht entdeckten. Eines Tages ereignete sich ein amüsanter Vorfall, als ich ein Photo von einem riesigen Steinblock machte, der über eine dieser provisorischen Brücken geschleppt wurde. Als der Wagen mit seiner schweren Last eine sehr sorgfältige Handhabung benötigte, stand mein Hauptmaurer, Heera Singh, oben auf dem Stein, um die Arbeiten zu dirigieren, während der Aufseher, Purshotam Hurjee, die Gruppen von Männern überwachte, die zu beiden Seiten an den Seilen zerrten, um ihn während der Steigungen auf und ab zu stabilisieren. Aber wir wußten nicht, daß es dem Strom gelungen war, die Fundamente eines der Stützbalken wegzuspülen; und als das Gewicht des Wagens mit dem Stein auf den unterhöhlten Stützpfeiler kam, richteten sich die Schienen auf und schon ging die ganze Sache in den Fluß, gerade als ich das Bild schoß.

Heera Singhs Sprung ins Wasser.

Heera Singh machte einen hastigen Sprung ins Wasser, um sich vor dem fallenden Stein zu retten, während Purshotam und die restlichen Männer, wie um ihr Leben ans Ufer flohen. Es war alles in allem ein äußerst lustiger Anblick und ein außergewöhnlicher Zufall, daß ich im Augenblick des Unfalls ein Photo von der Operation machen sollte. Glücklicherweise wurde niemand auch nur im geringsten verletzt, und der Stein wurde unbeschädigt und mit geringer Mühe wieder aus dem Fluß geborgen.

Nicht lange nach diesem Vorfall wurden meine eigenen Arbeiten eines Tages beinahe zu einem plötzlichen und unangenehmen Ende gebracht. Ich fuhr in einem leeren Wagen mit, der von zwei kräftigen *Pathans*[II] geschoben, in den Steinbruch zurückgebracht wurde, um Sand aufzuladen. Eben kamen wir zu der scharfen Neigung, die zur Holzbrücke über den Fluß führte. Hier war es die Gewohnheit der Männer, auf den Wagen zu steigen, anstatt neben ihm herzulaufen, und ihn seine eigene Dynamik nehmen zu lassen, wenn es den Hang hinunterging, indem sie die Geschwindigkeit, wenn nötig, durch eine Bremse in Form eines Stabes drosselten, den einer von ihnen hielt und durch welchen die Räder blockiert werden konnten. Bei dieser Gelegenheit aber war die Stange aus irgendeinem Grunde über Bord gefallen, und so flogen wir den Hügel ohne irgendeine Art von Bremse hinab. In der Nähe der Brücke war eine scharfe Kurve in der Strecke, wo ich befürchtete, daß der Wagen aus den Schienen springen würde. Dennoch dachte ich, es wäre besser, darauf sitzenzubleiben, als zu riskieren, abzuspringen. Einen Augenblick später flog ich mit dem Kopf voran über

---

[II] Anm. d. Übers.: Paschtunen.

den Rand der Brücke, und verfehlte um Haaresbreite einen hervorstehenden Balken; aber glücklicherweise landete ich auf einer Sandbank am Ufer des Flusses, der schwere Wagen fiel mit einem dumpfen Schlag in der Nähe herab. Auch dieser Unfall lief glücklicherweise glimpflich ab, da niemand verletzt wurde.

KAPITEL V.

Ärger mit den Arbeitern.

Es schien schicksalhaft zu sein, daß der Bau der Tsavo-Brücke niemals für längere Zeit in Frieden vorangehen durfte. Ich habe schon unsere Schwierigkeiten mit den Löwen beschrieben; und die Raubtiere schienen uns zu keinem früheren Zeitpunkt verlassen zu haben, als andere Schwierigkeiten, die nicht weniger ernst waren, mit den Arbeitern selbst entstanden. Nachdem ich das Gestein für die Brücke entdeckt hatte, ließ ich an die Küste um Maurer und Steinmetze schicken, die den Stein bearbeiten sollten. Die Männer, die mir zu diesem Zweck geschickt wurden, waren überwiegend *Pathans* und sollten sachverständige Arbeiter sein; aber ich fand bald heraus, daß viele von ihnen nicht die leiseste Vorstellung vom Steineschneiden hatten, und einfach gewöhnliche Kulis waren, die sich als Maurer ausgegeben hatten, um fünfundvierzig statt zwölf Rupien im Monat zu erhalten. Als ich diese Tatsache entdeckte, stellte ich sofort ein System der Bezahlung nach Stückzahl auf und erarbeitete einen Maßstab, der es dem echten Maurer erlaubte, seine fünfundvierzig Rupien im Monat zu verdienen – und ein wenig mehr, wenn er wollte – und den Betrügern nurmehr ihre richtige Bezahlung als Kulis. Nun, wie es oft in dieser Welt der Fall war, waren die Betrüger in der großen Mehrheit; und dementsprechend versuchten sie, den Rest soweit einzuschüchtern, daß sie sich ihrem eigenen Maßstab in Bezug auf die Arbeitstätigkeit anpaßten, in der Hoffnung, daß dies mich dazu veranlaßte, das System der Bezahlung nach Stückzahl aufzugeben. Dies wiederum wollte ich nicht im geringsten tun, da ich wußte, daß ich von jedem Mann nur eine faire Arbeit gefordert hatte.

Diese Maurer hatten immer wieder Streitereien und Kämpfe untereinander, und ich mußte oft in ihr Lager hinuntergehen, um Unruhen zu unterdrücken und die Hindus von den Muslimen zu trennen. Einer besonders ernsten Störung dieser Art folgte eine ziemlich amüsante Fortsetzung. Ich saß eines Abends nach der Dämmerung vor der Tür meiner Hütte, als ich einen großen Aufruhr in dem Maurerlager hörte, das nur wenige hundert Meter entfernt lag. Plötzlich stürmte ein *Jemadar* zu mir, um zu sagen, daß die Männer alle miteinander stritten und sich gegenseitig mit Stöcken und Steinen ums Leben brächten. Ich lief sofort mit ihm zurück und es gelang mir, die Ordnung wiederherzustellen; ich fand aber sieben schwer verletzte Männer, die auf dem Boden ausgestreckt lagen. Diese hatte ich auf *Charpoys*[12] zu meiner eigenen *Boma* tragen lassen; und da Brock abwesend war, mußte ich selbst, so gut ich konnte, den Doktor spielen, den einen nähen und einen anderen verbinden und eben all das tun, was möglich war. Es gab aber einen Mann, der laut stöhnte und ein Tuch über sein Gesicht hielt, als ob er sterben würde. Als ich diese Abdeckung anhob, erkannte ich ihn als einen gewissen Maurer namens Karim Bux, der mir als hauptsächlicher Unruhestifter unter den Männern bekannt war. Ich untersuchte ihn sorgfältig, aber da ich nichts Schlimmes entdecken konnte, kam ich zu dem Schluß, daß er eine innere Verletzung erlitten haben mußte, und sagte ihm dementsprechend, daß ich ihn ins Krankenhaus in Voi[13] schicken werde, damit er gründlich untersucht werden könne. Er wurde dann wieder in sein Lager getragen und stöhnte die ganze Zeit vor Schmerzen.

Kaum war er fortgebracht worden, als der Chef-*Jemadar* kam und mir mitteilte, daß der Mann überhaupt nicht verletzt sei und daß tatsächlich er die einzige Ursache für die Störung sei. Er gab jetzt nur vor, schwer verletzt zu sein, um der Strafe zu entgehen, die er, wie er wußte, empfangen würde, wenn ich entdeckte, daß er der Anstifter des ganzen Ärgers war. Als ich das hörte, gab ich Anweisungen, daß er nicht mit den anderen im Sonderzug nach Voi fahren sollte. Aber ich

---

[12] Anmerk. d. Übers.: Eine Art indischer Betten.
[13] Etwa dreißig Meilen unterhalb der Strecke.

hatte noch nicht das letzte von ihm gehört. Gegen elf Uhr abends wurde ich aufgerufen und gebeten, in das Lager der Maurer herunterzugehen, um nach einem Mann zu sehen, der im Sterben liege. Ich zog sofort meine Stiefel an, nahm einen Branntwein und lief in das Lager, wo ich zu meiner Überraschung und Belustigung fand, daß es mein Freund Karim Bux war, der an der Schwelle des Todes stand. Es war mir ganz klar, daß er nur versuchte, mich zu täuschen, aber als er nach *Dawa*[14] fragte, sagte ich ihm ernst, daß ich ihm am Morgen eine sehr gute *Dawa* geben würde.

Am nächsten Nachmittag – die Zeit, zu der ich für gewöhnlich über Missetäter zu urteilen pflegte – fragte ich nach Karim Bux, aber mir wurde gesagt, daß er zu krank zum Gehen wäre. Ich befahl deshalb, ihn zu meiner *Boma* zu tragen, und nach wenigen Augenblicken kam er in seinem *Charpoy* an, das von vier Kulis ge-schultert wurde, die, wie ich sehen konnte, ganz genau wußten, daß er nur schauspielerte. Es lungerten auch ungefähr zwanzig von seinen Freunden herum, zweifel-los in der Erwartung zu sehen, wie der „Sahib" gefoppt würde. Als das Bett neben mir auf den Boden gestellt wurde, hob ich die Decke hoch, mit der er sich bedeckt hatte, untersuchte ihn sorgfältig, und fühlte zugleich, um sicher zu sein, daß er kein Fieber hatte. Er tat so, als wäre er sterbenskrank und fragte wieder nach *Dawa*; aber ich hatte mich schließlich davon überzeugt, daß es

---

[14] Medizin.

so war, wie es der *Jemadar* gesagt hatte – reine *Budmashi*[15] – ich sagte ihm, daß ich ihm eine sehr wirksame *Dawa* geben würde, bedeckte ihn wieder sorgfältig und zog die Decke über seinen Kopf. Ich nahm dann einen großen Arm voll Sägespäne von einer Tischlerbank, die in der Nähe war, legte sie unter das Bett und zündete sie an. Sobald der falsche Kranke die Hitze spürte, spähte er über den Rand der Decke; und als er sah, wie der Rauch und die Flammen um ihn herum sprangen, warf er die Decke von sich, sprang aus dem Bett, rief *Beiman Shaitan!*[16] und floh wie ein Reh zum Eingang meiner *Boma*, verfolgt von einem *Sikh Sepoy*[17], der ihm ein paar gute Schläge mit einem Stock auf die Schultern gab, bevor er seine Flucht bewirkte. Seine amüsierten Kameraden begrüßten mich mit den Rufen *Shabash, Sahib!*[18] und ich hatte nie wieder Probleme mit Karim Bux. Er kam später am Tag zurück, mich mit gerungenen Händen um Vergebung anflehend, die ich gern gewährte, da er ein kluger Arbeiter war.

Ein paar Tage nach diesem Vorfall kehrte ich eines Morgens von einem Baum zurück, in dem ich in der vergangenen Nacht nach den Menschenfressern Ausschau gehalten hatte. Als ich unangekündigt zum Steinbruch kam, war ich erstaunt, daß dort Totenstille

---

[15] Teufelei.
[16] *Ungläubiger Teufel!*
[17] Anmerk. d. Übers.: Bezeichnung für einen indischen Soldaten der Britisch-Indischen Armee.
[18] *Gut gemacht, Sir!*

herrschte, und meine Schelme von Arbeitern sich alle im Schatten unter den Bäumen ausstreckten, und es sich sehr leicht machten – einige schliefen, einige spielten Karten. Ich schaute ihrem Treiben eine kleine Weile durch die Büsche hindurch zu, dann kam mir die Idee, ihnen einen Schreck einzujagen, indem ich mein Gewehr über ihren Köpfen abfeuerte. Als der Knall zu hören war, änderte sich die Szene wie durch Zauberei: Jeder Mann flog schier zu seiner jeweiligen Arbeit, und Hämmer und Meißel erklangen wieder fröhlich und energisch, wo alles einen Augenblick zuvor still gewesen war. Sie dachten natürlich, daß ich noch weit weg war und sie nicht gesehen hätte, aber zu ihrer Bestürzung schrie ich ihnen zu, daß sie zu spät wären, da ich sie schon seit einiger Zeit beobachtet hätte. Ich schimpfte über jeden anwesenden Mann, besonders mit dem Vorsteher, der sich damit für seinen Posten völlig untauglich gezeigt hatte. Ich ging dann zu meiner Hütte, war aber kaum dort angekommen, als zwei der Schufte zusammengekrümmt hinter mir her taumelten, und den Himmel zum Zeugen anriefen, daß ich sie beide in den Rücken geschossen hätte. Um dieser ansonsten armseligen und unüberzeugenden Geschichte einen Schein der Wahrheit zu verleihen, hatten sie tatsächlich einen ihrer Kollegen dazu veranlaßt, ein paar Löcher wie Schußlöcher in den Rücken zu machen, und diese bluteten reichlich. Aber unglücklicherweise für sie hatte ich ein Gewehr und keine Schrotflinte getragen, und sie hatten auch vergessen, entsprechende Löcher in ihrer Kleidung zu machen, so daß sie durch dieses ausgeklügelte Lügengebilde nur erreichten, daß sie sich selbst den Spott ihrer Kameraden und eine zusätzliche Bestrafung zuzogen.

Kurz darauf, als die Maurer erkannten, daß ich beabsichtigte, jeden Mann angemessen für sein Geld arbeiten zu lassen, und es nicht erlauben würde, dies zu vereiteln, kamen sie zu dem Schluß, daß es das Beste wäre, wenn sie mich stillschweigend aus dem Wege schafften. Dementsprechend hielten sie eines Nachts eine Besprechung ab, alle wurden zur Geheimhaltung verschworen, und nach einem langen Palaver wurde beschlossen daß ich am nächsten Tag ermordet werden sollte, wenn ich meinen üblichen Besuch im Steinbruch machte. Meine Leiche sollte in den Dschungel geworfen werden, wo sie natürlich bald von wilden Tieren verschlungen werden würde, und dann wollten sie sagen, daß ich von einem Löwen getötet und gefressen worden wäre. Diesem heiteren Vorschlag stimmte jeder Mann, der bei der Versammlung anwesend war, zu und setzte seinen Fingerabdruck als verbindliches Zeichen auf einen langen Streifen Papier. Innerhalb einer Stunde, nachdem das Treffen sich zerstreut hatte, wurde ich jedoch von einem der Verschwörer geweckt, der in mein Lager gekrochen kam, um mir eine Warnung zu geben. Ich dankte ihm für seine Information, war aber entschlossen, am Morgen in den Steinbruch zu gehen, da ich beim derzeitigen Stand der Dinge nicht wirklich glaubte, daß sie in der Lage wären, solch eine teuflische Intrige durchzuführen, und eher geneigt war zu denken, daß der Informant nur geschickt worden war, um mich zu erschrecken.

Dementsprechend machte ich mich am nächsten Morgen[19] wie gewöhnlich entlang des Draisinengleises zum einsamen Steinbruch auf. Als ich eine Kurve in der Strecke erreichte, kroch mein Hauptmaurer, Heera Singh, ein sehr guter Mann, vorsichtig aus den Büschen und warnte mich, nicht weiterzugehen. Als ich ihn bat sich zu erklären, sagte er, er wagte es nicht zu sagen, aber daß er und zwanzig andere Maurer an diesem Tag nicht arbeiten würden, da sie Angst vor Schwierigkeiten beim Steinbruch hätten. Das gab mir zu denken, ob nicht doch etwas an der Geschichte dran wäre, die ich in der Nacht gehört hatte, aber ich versicherte ihm lachend, daß es keinen Ärger geben würde und setzte meinen Weg fort. Bei meiner Ankunft im Steinbruch schien alles vollkommen friedlich zu sein. Alle Männer arbeiteten eifrig, aber nach einem Moment oder zwei bemerkte ich verstohlene Seitenblicke und fühlte, daß etwas in der Luft lag. Sobald ich zur ersten Gruppe von Arbeitern kam, teilte mir der *Jemadar*, ein verräterisch aussehender Schurke, mit, daß die Männer, die weiter oben in der Schlucht arbeiteten, sich weigerten, seinen Befehlen zu gehorchen, und bat mich, mit ihnen zu reden. Ich fühlte sofort, daß dies ein Trick war, um

---

[19] 6. September.

mich in den schmalen Teil der Schlucht zu locken, wo mit Gruppen von Männern vor und hinter mir jeglicher Fluchtweg abgeschnitten wäre; trotzdem dachte ich, ich würde das Abenteuer durchstehen, was auch immer geschehen würde, also begleitete ich den *Jemadar* durch die Schlucht. Als wir zur weiter entfernten Gruppe kamen, ging er so weit, um auf die beiden Männer zu deuten, die, wie er sagte, sich geweigert hatten, das zu tun, was er ihnen sagte – ich glaube, er dachte, ich würde den Ort niemals lebend verlassen, und es sei egal, über wen er sich beschwerte. Ich notierte ihre Namen in meinem Taschenbuch in meiner üblichen Weise und drehte mich um, um meine Schritte zurückzuverfolgen. Sofort wurde ein Wutgebrüll durch den ganzen Trupp von etwa sechzig Männern erhoben, das von einem ähnlichen Schrei von denen, die ich zuerst passiert hatte und die etwa hundert zählten, erwidert wurde. Beide Gruppen von Männern, die Brechstangen trugen und ihre schweren Hämmer schwangen, schlossen mich dann in den schmalen Teil der Schlucht ein. Ich blieb stehen und wartete darauf, daß sie handelten, und ein Mann eilte zu mir, ergriff meine Handgelenke und schrie, daß er „für mich gehangen und erschossen werden würde" – eine merkwürdige Art, es auszudrücken, aber das war sein genauer Wortlaut. Ich schlug mir mit Leichtigkeit die Arme frei und stieß ihn von mir; aber zu diesem Zeitpunkt war ich eng umringt, und um mich herum konnte ich nichts als böse und mörderisch aussehende

Gesichter sehen. Ein vierschrötiger Kerl, der Angst hatte, der Erste zu sein, der einen Schlag machte, schleuderte den neben ihm stehenden Mann auf mich; und wenn es ihm gelungen wäre, mich niederzuschlagen, bin ich mir sicher, daß ich nie wieder lebendig aufgestanden wäre. Wie es aber war, trat ich schnell beiseite, und der Mann, der mich niederschlagen wollte, wurde selbst heftig gegen einen Fels geworfen, über den er hart fiel.

Dies bewirkte einen Augenblick der Verwirrung, welchen ich mir schnell zunutze machte. Ich sprang auf die Spitze des Felsens, und begann, noch ehe sie Zeit hatten, sich zu erholen, ihnen auf Hindustani Vorhaltungen zu machen. Aus angewöhntem Gehorsam hörten sie glücklicherweise zu, was ich zu sagen hatte. Ich sagte ihnen, daß ich alles über ihren Plan, mich zu ermorden, wüßte, und daß sie es sicher tun könnten, wenn sie es wünschten. Aber wenn sie es täten, würden viele von ihnen sicherlich dafür gehängt werden, da die *Sirkar*[20] bald die Wahrheit herausfinden und ihre Geschichte, daß ich von einem Löwen verschleppt worden wäre, nicht glauben würde. Ich sagte, daß ich ganz genau wüßte, daß es nur ein oder zwei Schurken unter ihnen wären, die sie veranlaßt hätten, sich so dumm zu benehmen, und drängte sie, sich nicht auf diese Weise zum Narren machen zu lassen. Selbst wenn sie annehmen wollten, daß sie den Plan, mich zu töten, ausführen könnten, würde nicht sofort ein anderer „Sahib" über sie

---

[20] Regierung.

gesetzt werden, und könnte er nicht ein noch strengerer Aufseher sein? Sie wußten alle, daß ich den wirklichen Arbeitern gegenüber gerecht war; es waren nur die Gauner und Drückeberger, die etwas von mir zu fürchten hatten, und sollten aufrichtige, selbstbewußte *Pathans* sich von solchen Männern fehlleiten lassen? Sobald ich sie dazu bekommen hatte, mir zuzuhören, fühlte ich mich etwas sicherer, und ich fuhr fort, zu sagen, daß die Unzufriedenen unter ihnen sofort nach Mombasa zurückkehren dürften, während ich den anderen, wenn sie die Arbeit wieder aufnehmen und nicht weiter Ränke schmieden würden, nichts von ihrem törichten Verhalten nachtragen würde. Schließlich forderte ich diejenigen, die bereit wären, zur Arbeit zurückzukehren, auf, ihre Hände zu heben, und sofort wurde jede Hand in der Menge erhoben. Da wußte ich, daß für den Augenblick der Sieg mein war, und nachdem ich sie entlassen hatte, sprang ich vom Felsen herunter und setzte meine Runden fort, als sei nichts geschehen, maß einen Stein hier und da und kommentierte die getane Arbeit. Sie waren aber noch immer in einer sehr unsicheren und mürrischen Stimmung, und ganz und gar nicht vertrauenswürdig, so daß ich eine Stunde später sehr erleichtert war, wieder nach Tsavo zurückzukehren.

Die Gefahr war unglücklicherweise noch nicht vorbei, denn kaum hatte ich ihnen den Rücken zugekehrt, um nach Hause zu gehen, als die Meuterei auch schon wieder ausbrach, ein weiteres Treffen abgehalten, und ein frischer Plan erstellt wurde, mich in der Nacht zu ermorden. Davon wurde ich bald von meinem Zeitnehmer informiert, der mir auch erzählte, daß er Angst hätte, hinauszugehen und zum Appell zu rufen, da sie gedroht hätten, auch ihn zu töten. Bei dieser weiteren Entgleisung verlor ich keine Zeit, und telegraphierte sofort an die Eisenbahnpolizei und auch an den Bezirksoffizier, Mr. Whitehead, der sogleich seine Männer fünfundzwanzig Meilen zu Fuß zu meiner Hilfe losmarschieren ließ. Ich habe keinen Zweifel daran, daß nur sein sofortiges Handeln mich davor bewahrte, in jener Nacht angegriffen zu werden. Zwei oder drei Tage später kam die Eisenbahnpolizei an und verhaftete die Rädelsführer der Meuterei, die nach Mombasa gebracht wurden und denen vor Mr. Crawford, dem britischen Konsul, der Prozeß gemacht wurde, wo die Einzelheiten der Mordpläne von einem von ihnen, welcher der Kronzeuge wurde, enthüllt wurden. Alle Verschwörer wurden schuldig befunden und zu verschiedenen Gefängnisstrafen in den Kettenbanden verurteilt, und ich wurde nie wieder mit meuternden Arbeitern beunruhigt.

KAPITEL VI.

Die Schreckensherrschaft.

Die Löwen schienen in der Nacht, in der Brock und ich im Güterwagen Ausschau nach ihnen hielten, einen fürchterlichen Schrecken erlitten zu haben, denn sie hielten sich für eine beträchtliche Zeit von Tsavo fern und belästigten uns in keiner Weise, — jedenfalls nicht, bis Brock mich verließ, um nach Uganda auf Safari zu gehen. In dieser Atempause, die sie uns gewährten, kam mir der Gedanke, daß, falls sie ihre Angriffe erneuern würden, eine Falle vielleicht die beste Möglichkeit sein würde, um sie zu fangen. Falls ich eine konstruieren könnte, in der ein paar Kulis als Köder verwendet werden könnten, ohne einer Gefahr ausgesetzt zu sein, würden die Löwen vielleicht verwegen genug sein, um sie auf der Suche nach ihnen zu betreten und so gefangen werden zu können. Ich machte mich daher sofort an die Arbeit, und es gelang mir in kurzer Zeit, eine ausreichend starke Falle aus Holzschwellen, Straßenbahnschienen, Stücken von Telegraphendraht und einer langen schweren Kette zu fertigen. Sie war in zwei Kammern aufgeteilt – eine für die Männer und eine für den Löwen. Eine Schiebetür an einem Ende schloß die letztere ab, und einmal in ihrem Abteil waren die Männer vollkommen sicher, da zwischen ihnen und dem Löwen, wenn er das andere betrat, eine Gitterwand aus eisernen Schienen mit nur sieben Zentimetern Abstand lag, die sowohl oben als auch unten in schwere hölzerne Schwellen eingebettet war. Die Tür, die den Löwen einlassen sollte, war natürlich am entgegengesetzten Ende der Struktur, aber ansonsten beruhte das Ganze sehr stark auf dem Prinzip der gewöhnlichen Ratten-falle, außer daß es nicht notwendig war, daß der Löwe den Köder packen mußte, um die Tür zum Zufallen zu bringen. Dieser Teil der Vorrichtung funktionierte folgendermaßen: Eine schwere Kette war am oberen Teil der Löwentür befestigt, die Enden hingen auf beiden Seiten der Öffnung auf den Boden herab; und an diesen wurden, stark durch stabilen Draht gesichert, kurze Schienenstücke befestigt, die ungefähr sechs Zoll aus-einander gesetzt wurden. Dies ergab eine Art von beweg-licher Tür, die in einen kleinen Raum verpackt werden konnte, wenn sie nicht in Gebrauch war, und die an der Oberseite der Tür lehnte, wenn sie hochgeklappt war. Die Tür wurde durch einen aus einem Schienenstück bestehenden Hebel in dieser Stellung gehalten, der wiederum von einem an einem Ende befestigten Draht an seinem Platz gehalten wurde und zu einer im Innern des Käfigbodens verborgenen Feder verlief. Sobald der Löwe weit genug in die Falle gekommen war, würde er notwendigerweise auf die Feder treten; sein Gewicht auf dieser würde den Draht freigeben, und in einem Augenblick würde die Tür hinter ihm zufallen; und er könnte sie in keiner Weise herausdrücken, da sie in eine

Nut zwischen zwei Schienen fiel, die fest am Boden verankert waren.

Die fertiggestellte Löwenfalle.

Bei der Herstellung dieser Falle, die uns viel Arbeit gekostet hat, hatten wir einen ziemlichen Mangel an Werkzeugen, um Löcher für die Tür in die Schienen zu bohren, damit sie durch den Draht an der Kette befestigt werden konnte. Mir kam jedoch der Gedanke, daß ein Vollmantelgeschoß aus meinem Cal. .303 das Eisen durchdringen würde, und nachdem ich es versucht hatte, war ich froh, daß dabei ein so sauberes Loch entstanden war, als wäre es ausgeschlagen worden. Als die Falle fertig war, stellte ich ein Zelt darüber auf, um die Löwen weiter zu täuschen und baute eine überaus starke *Boma* um sie herum. An der Rückseite der Umzäunung wurde ein kleiner Eingang für die

Männer gemacht, den sie schließen sollten, indem sie einen Busch hinter sich herzogen; und ein weiterer Eingang direkt vor der Tür des Käfigs wurde für die Löwen offen gelassen. Die Besserwisser, denen ich meine Erfindung zeigte, waren im allgemeinen der Meinung, daß die Menschenfresser zu schlau sein würden, um in mein Empfangszimmer hineinzuspazieren; aber, wie sich später zeigte, erwiesen sich ihre Vorhersagen als falsch. In den ersten paar Nächten stellte ich selbst den Köder in der Falle dar, aber nichts passierte, außer daß ich eine sehr schlaflose und unangenehme Zeit hatte und sehr viel von Mücken zerstochen wurde.

Tatsächlich dauerte es einige Monate, bis die Löwen uns wieder angegriffen haben, obwohl wir von Zeit zu Zeit von ihren Verheerungen in anderen Quartieren gehört haben. Nicht lange nach unserer Nacht im Güterwagen wurden zwei Männer vom Gleisende weggeschleppt, während ein anderer aus einem Ort namens Engomani, etwa zehn Meilen entfernt, verschwand. Innerhalb einer sehr kurzen Zeit wurde dieser letztere Ort wieder von den Bestien besucht, zwei weitere Männer wurden verschleppt, von denen einer getötet und gefressen, und der andere so schlimm zerrissen wurde, daß er innerhalb weniger Tage starb. Wie ich schon sagte, wurden wir bei Tsavo überhaupt nicht angegriffen, und die Kulis, die glaubten, daß ihre gefürchteten Feinde den Bezirk dauerhaft verlassen hatten, nahmen alle ihre üblichen Gewohnheiten und Beschäftigungen wieder auf, und das Leben in den Lagern kehrte zu seiner normalen Routine zurück.

Am Ende wurden wir abrupt aus diesem Gefühl der Sicherheit gerissen. In einer dunklen Nacht weckten die vertrauten Schreckensrufe und Schreie die Lager, und wir wußten, daß die „Dämonen" zurückgekehrt waren und eine neue Liste von Opfern begonnen hatten. Bei dieser Gelegenheit hatten einige Männer um der Kühle willen vor ihren Zelten geschlafen und dachten natürlich, daß die Löwen für immer fort waren, als plötzlich mitten in der Nacht eine der Bestien entdeckt wurde, als sie sich ihren Weg durch die *Boma* bahnte. Sofort wurde Alarm geschlagen, und Stöcke, Steine und Brandfackeln wurden in Richtung des Eindringlings geschleudert. Es war aber alles zwecklos, denn der Löwe brach mitten in die verängstigte Gruppe, ergriff einen unglücklichen Elenden unter dem Schreien und Kreischen seiner Gefährten und zerrte ihn durch den dicken Dornenzaun hindurch. Draußen gesellte sich der zweite Löwe zu ihm, und die beiden Bestien waren so wagemutig geworden, daß sie sich gar nicht bemühten, ihr Opfer weiter wegzutragen, sondern es nur dreißig Meter von dem Zelt entfernt verschlangen, wo es gepackt worden war. Obwohl durch den *Jemadar* der Gruppe, zu der der Kuli gehörte, mehrere Schüsse in ihre Richtung abgefeuert wurden, nahmen sie keine Notiz von diesen und versuchten nicht, sich wegzubewegen, bis ihre schreckliche Mahlzeit beendet war. Die wenigen verstreuten Fragmente, die von dem Körper übrig blieben, erlaubte ich nicht, sofort zu begraben, in der Hoffnung, daß die Löwen in der nächsten Nacht an die Stelle zurückkehren würden; und auf diese Chance hin bezog ich bei Einbruch der Dunkelheit meinen Posten in einem bequemen Baum. Nichts geschah, um die Eintönigkeit meiner Wache zu stören, außer daß ich einen Besuch von einer Hyäne hatte, und am nächsten Morgen erfuhr ich, daß die Löwen ein weiteres Lager etwa zwei Meilen von Tsavo angegriffen hatten – denn zu diesem Zeitpunkt waren die Lager wieder zerstreut, da ich überall am Gleis laufende Arbeiten zu erledigen hatte. Dort hatten die Menschenfresser erfolgreich ein Opfer gefunden, das sie, wie im vorigen Fall, sehr nahe am Lager verzehrten. Wie sie sich durch die *Bomas* gezwungen haben, ohne ein Geräusch zu machen, war und ist mir immer noch ein Rätsel; ich hätte gedacht, daß es nahezu unmöglich wäre, daß ein Tier überhaupt hindurch käme. Dennoch taten sie es immer wieder, und ohne daß ein Geräusch zu hören war.

Nach diesem Vorfall hielt ich für eine Woche jede Nacht in der Nähe von ähnlichen Lagern Wache, aber stets umsonst. Entweder sahen mich die Löwen und gingen dann woanders hin, oder ich hatte aus anderen Gründen Pech, denn sie verschleppten einen Mann nach dem anderen von verschiedenen Orten, ohne mir jemals eine Gelegenheit zu geben, einen Schuß auf sie abzugeben. Diese ständige Nachtwache war die eintönigste und ermüdendste Arbeit, aber ich fühlte, daß es eine Pflicht war, die unternommen werden mußte, da die Männer natürlich auf meinen Schutz vertrauten. In meinem ganzen Leben habe ich noch nie etwas Nervenaufreibenderes erlebt, als das tiefe Gebrüll dieser schrecklichen Ungeheuer zu hören, das allmählich näher und näher kam, und zu wissen, daß der eine oder andere von uns dazu verurteilt war, ihnen zum Opfer zu fallen, ehe der Morgen dämmerte. Sobald sie die Nähe der Lager erreichten, hörte das Brüllen ganz auf, und wir wußten, daß sie sich an ihre Beute anpirschten. Dann liefen Rufe von Lager zu Lager, *Chabar dar, bhaieon, shaitan ata!*[21], aber die Warnrufe bewährten sich nicht, und früher oder später durchbrachen quälende Schreie die Stille, und beim nächsten Morgenappell fehlte ein weiterer Mann.

Ich war natürlich sehr entmutigt, daß meine Pläne auf diese Weise Nacht für Nacht vereitelt wurden, und bald war ich am Ende meiner Weisheit und wußte nicht, was ich noch tun könnte. Es schien, als ob die Löwen wirklich „Teufel" wären und ein vor allen Gefahren geschütztes Leben führten. Wie ich schon sagte, war die Verfolgung durch den Dschungel eine hoffnungslose Aufgabe; aber weil etwas getan werden mußte, um den Mut der Männer aufrechtzuerhalten, verbrachte ich viele ermüdende Tage damit, auf meinen Händen und Knien durch das dichte Unterholz der erbitterten Wildnis um

---

[21] *Nehmt euch in acht, Brüder, der Teufel kommt!*

uns herum zu kriechen. Tatsächlich wäre es, wenn ich die Löwen auf irgendeiner dieser Expeditionen getroffen hätte, viel wahrscheinlicher gewesen, daß sie mich zu ihrer Liste der Opfer hinzugefügt hätten, als daß es mir gelungen wäre, einen von ihnen zu töten, da alles zu ihren Gunsten gewesen wäre. Um diese Zeit hatte ich auch viele Helfer, und mehrere Offiziere – sowohl in Zivil, als auch von Marine und Militär – kamen von der Küste nach Tsavo und blieben Nacht für Nacht auf, um einen Schuß auf unsere kühnen Feinde abgeben zu können. Doch keiner von uns hatte Erfolg, und die Löwen schienen stets in der Lage zu sein, den Wächtern auszuweichen, während sie gleichzeitig an ein Opfer gelangten.

Ich habe eine sehr lebhafte Erinnerung an eine bestimmte Nacht, als die Bestien einen Mann von der Bahnstation ergriffen und ihn in die Nähe meines Lagers brachten, um ihn zu verschlingen. Ich konnte sie deutlich hören, wie sie die Knochen zermalmten, und das Geräusch ihres schrecklichen Grollens erfüllte die Luft und erklang noch tagelang in meinen Ohren. Das Schreckliche war, sich so hilflos zu fühlen; es war nutzlos zu versuchen herauszugehen, da der arme Kerl natürlich tot war, und außerdem war es so dunkel, daß es unmöglich war, etwas zu sehen. Etwa ein halbes Dutzend Arbeiter, die in einer kleinen Umzäunung nahe der meinen lebten, gerieten in so große Furcht, als sie die Löwen bei ihrer Mahlzeit hörten, daß sie schrieen und mich anflehten, ihnen zu erlauben, in meine *Boma* hineinzukommen. Dies erlaubte ich ihnen bereitwillig, aber bald darauf erinnerte ich mich, daß ein Mann in ihrem Lager krank gewesen war, und auf meine Nachfragen hin erfuhr ich, daß sie ihn alleine zurückgelassen hatten. Ich nahm sofort einige Männer mit mir, um ihn zu meiner *Boma* zu bringen, aber beim Betreten seines Zeltes sah ich im Licht der Laterne, daß der arme Kerl der Sicherheit nicht mehr bedurfte. Er war an dem Schock, daß er von seinen Gefährten verlassen worden war, gestorben.

Von dieser Zeit an wurde es allmählich schlimmer und schlimmer. Bisher war in der Regel nur einer der Menschenfresser auf Futtersuche gegangen und hatte den Angriff gewagt, während der andere draußen im Busch wartete; doch jetzt fingen sie an, ihre Taktik zu ändern, indem sie beide in die *Bomas* eindrangen und jeder ein Opfer erbeutete. Auf diese Weise wurden in der letzten Novemberwoche zwei *Swahili*-Träger getötet, von denen einer sofort fortgetragen und verschlungen wurde. Den anderen konnte man lange stöhnen hören, und als seine verängstigten Gefährten endlich genug Mut faßten, ihm zur Hilfe zu kommen, fanden sie ihn in den Büschen der *Boma* feststecken, durch welchen der Löwe anscheinend nicht in der Lage war, ihn zu ziehen. Er war noch am Leben, als ich ihn am nächsten Morgen sah, aber so schrecklich zerrissen, daß er starb, bevor er ins Krankenhaus gebracht werden konnte.

„Am nächsten Morgen fanden sie ihn in den Büschen der *Boma* feststecken."

Wenige Tage darauf verübten die beiden Bestien einen überaus wilden Angriff auf das größte Lager in der Sektion, das aus Sicherheitsgründen nur einen Steinwurf von der Tsavo-Bahnstation entfernt und in der Nähe der Blechhütte eines Schieneninspektors lag. Plötzlich, mitten in der Nacht brachen die beiden Menschenfresser mitten unter die erschrockenen Arbeiter, und selbst von meiner *Boma* aus, die in einiger Entfernung lag, konnte ich deutlich das entsetzte Kreischen der Kulis hören. Dann folgten Rufe von „Sie haben ihn mitgenommen, sie haben ihn mitgenommen!" als die Bestien ihr unglückliches Opfer fortschleppten und ihr grausiges Festmahl neben dem Lager begannen. Der Inspektor, Mr. Dalgairns, feuerte über fünfzig Schüsse in die Richtung, in der er die Löwen hörte, aber sie ließen sich durch nichts erschrecken und blieben ruhig dort liegen, bis ihre Mahlzeit beendet war. Nachdem wir am Morgen die Stelle besehen hatten, nahmen wir sofort die Verfolgung der Bestien auf. Mr. Dalgairns war zuversichtlich, daß er einen von ihnen verwundet hatte, da auf dem Sand eine Spur wie die eines gebrochenen Gliedes war. Nachdem wir uns behutsam angepirscht hatten, fanden wir uns plötzlich in der Nähe der Löwen und wurden mit unheilvollem Knurren begrüßt. Indem wir vorsichtig vorrückten und die Sträucher beiseite drückten, sahen wir in der Dunkelheit etwas, das wir zuerst für ein Löwenjunges hielten; bei näherer Betrachtung zeigte sich jedoch, daß es die Überreste des unglücklichen Kulis waren, die die Menschenfresser offensichtlich bei unserem Herannahen aufgegeben hatten. Die Beine, ein Arm und die Hälfte des Körpers waren verzehrt worden, und es waren die steifen Finger des anderen Armes, die, auf dem Sand entlanggeschleift, die Spuren hinterlassen hatten, die wir für die Spur eines verwundeten Löwen hielten. Zu dieser Zeit hatten sich die Tiere weit in den dichten Dschungel zurückgezogen, wo es uns unmöglich war, ihnen zu folgen, daher ließen wir die Überreste des Kulis begraben und kehrten enttäuscht wieder zurück.

Nun würden die tapfersten Männer in der Welt, viel weniger der gewöhnliche indische Kuli, anhaltenden Schrecken dieser Art kaum auf unbestimmte Zeit standhalten. Der ganze Bezirk war zu dieser Zeit völlig kopflos, und ich war gar nicht überrascht, als ich am selben Nachmittag[22] bei meiner Rückkehr zum Lager sah, daß die Männer alle ihre Arbeit niedergelegt hatten und darauf warteten, mit mir zu sprechen. Als ich nach ihnen schickte, strömten sie alle miteinander zu meiner *Boma* und sagten, daß sie nicht länger für irgendetwas oder irgendjemanden in Tsavo bleiben würden; sie wären auf die Vereinbarung hin aus Indien gekommen, um für die Regierung zu arbeiten, nicht um als Nahrung für Löwen oder „Teufel" zu dienen. Kaum hatten sie dieses Ultimatum verkündet, als eine regelrechte Massenflucht stattfand. Einige Hundert von ihnen hielten den ersten vorbeifahrenden Zug an, indem sie sich auf die Schienen vor den Triebwagen stürzten und dann schwärmten sie auf die Wagen, warfen irgendwie ihre Habseligkeiten hinauf und flohen von dem verfluchten Ort.

Nach diesem Vorfall kamen die Gleisarbeiten zu einem vollständigen Stillstand; und für die nächsten drei Wochen wurde praktisch nichts getan, als daß man „löwensichere" Hütten für diejenigen Arbeiter baute, die genügend Mut hatten, zu bleiben. Es war ein seltsamer und amüsanter Anblick, diese zusammengepferchten Schutzhütten auf der Oberseite von Wassertanks, Dä-

---

[22] I. Dezember.

chern und Trägern zu sehen – überall wo es sicher schien – während manche sogar so weit gingen, Gruben in ihren Zelten zu graben, in die sie nachts hinabstiegen, und welche sie oben mit starken Holzstämmen bedeckten.

Selbst auf den Wassertanks wurden Betten aufgeschlagen.

Jeder gut gewachsene Baum im Lager hatte so viele Betten angeschlagen, wie seine Zweige trugen – und manchmal mehr. Ich erinnere mich, daß eines Nachts, als das Lager angegriffen wurde, so viele Männer auf einen bestimmten Baum schwärmten, daß er krachend umstürzte und seine Last von panisch kreischenden Kulis in die Nähe der Löwen, die sie vermeiden wollten, schleuderte. Zum Glück für sie hatten diese bereits ein Opfer gefunden, und die Bestien waren zu sehr damit beschäftigt, es zu verschlingen, um auf etwas anderes zu achten.

KAPITEL VII.

Das knappe Entkommen des *District officers*.

Nicht lange vor der Flucht der Arbeiter hatte ich an Mr. Whitehead, den Bezirksbeauftragten, geschrieben und ihn gebeten, herzukommen und mich in meinem Feldzug gegen die Löwen zu unterstützen und alle seine *Askaris*[23] mitzubringen, die er erübrigen könnte. Er antwortete, daß er die Einladung annähme, und sagte mir, ich solle ihn am 2. Dezember etwa zum Abendessen erwarten, was sich als der Tag nach der Massenflucht herausstellte. Sein Zug sollte um sechs Uhr abends in Tsavo eintreffen, daher schickte ich meinen „Boy" zur Bahnstation, damit er ihm entgegengehen und helfen sollte, sein Gepäck ins Lager zu tragen. In sehr kurzer Zeit aber stürmte der „Boy" vor Schrecken zitternd zurück und informierte mich, daß es keine Spur von einem Zug oder dem Eisenbahnpersonal gäbe, statt-

_____

[23] Anmerk. d. Übers.: Eingeborene Krieger.

dessen aber ein riesiger Löwe auf dem Bahnsteig stünde. Diese außergewöhnliche Geschichte glaubte ich ihm nicht im mindesten, da zu dieser Zeit die Kulis – die niemals für ihre Tapferkeit bekannt waren – in einem solchen Zustand des Schreckens waren, daß sie, wenn sie eine Hyäne oder einen Pavian oder sogar einen Hund im Busch erblickten, sich stets einbildeten, daß es ein Löwe wäre; aber ich habe am nächsten Tag herausgefunden, daß es tatsächlich stimmte, und daß sowohl der Stationsvorsteher als auch der Signalgeber gezwungen gewesen waren, sich vor einem der Menschenfresser in Sicherheit zu bringen, indem sie sich im Stationsgebäude einschlossen.

Ich wartete eine kleine Weile auf Mr. Whitehead, aber irgendwann, als er nicht auftauchte, kam ich zu dem Schluß, daß er seine Reise auf den nächsten Tag verschoben haben mußte, und genoß mein Abendessen in meiner gewohnten Einsamkeit. Während der Mahlzeit hörte ich ein paar Schüsse, achtete aber nicht auf sie, da in der Umgebung des Lagers ständig Gewehre abgefeuert wurden. Später am Abend ging ich wie gewöhnlich aus, um nach unseren schwer faßbaren Feinden Ausschau zu halten, und nahm meine Position in einem vergitterten Hochsitz ein, der aus Eisenbahnschwellen bestand, die ich auf einem großen Träger in der Nähe eines Lagers gebaut hatte, das, wie ich glaubte, wahrscheinlich angegriffen werden würde.

Der vergitterte Hochsitz.

Bald nachdem ich mich auf meinem Posten niedergelassen hatte, war ich überrascht, die Menschenfresser zu hören, die gute sechzig Meter von dem Hochsitz entfernt grollten und schnurrten und dabei Knochen zermalmten. Ich konnte mir nicht erklären, was sie zu fressen gefunden hatten, da ich in den Lagern keinen Tumult gehört hatte, und durch bittere Erfahrung wußte, daß jede Mahlzeit, die die Bestien von uns erhielten, von Aufruhr und Gekreische angekündigt wurde. Die einzige Schlußfolgerung, zu der ich kommen konnte, war, daß sie sich auf einen armen, ahnungslosen einheimischen Reisenden gestürzt hatten. Nach einer Weile konnte ich ihre glühenden Augen in der Dunkelheit ausmachen, zielte so sorgfältig, wie es unter den gegebenen Umständen möglich war und feuerte. Aber die einzige Aufmerksamkeit, die sie dem Schuß zollten, lag darin, daß sie alles forttrugen, was sie zu verschlingen beabsichtigten, und sich leise über eine leichte Anhöhe zurückzogen, was mich daran hinderte, sie weiter zu beobachten. Dort beendeten sie ungestört ihre Mahlzeit.

Sobald es wieder hell war, stieg ich von meinem Sitz herab und ging zu dem Ort, an dem ich sie zuletzt gehört hatte. Und wen sonst traf ich auf dem Weg, als meinen vermißten Gast, Mr. Whitehead, der sehr blaß und elend aussah und insgesamt zerzaust wirkte.

„Wo kommen Sie denn her?" rief ich aus. „Warum sind Sie denn nicht gestern Abend zum Abendessen gekommen?"

„Sie geben jemandem, den Sie zum Abendessen einladen, ja einen schönen Empfang", war seine einzige Antwort.

„Was ist denn los?" fragte ich.

„Ihr höllischer Löwe hat mir letzte Nacht fast den Garaus gemacht", sagte Whitehead.

„Unsinn, das müssen Sie geträumt haben!" rief ich erstaunt.

Zur Antwort drehte er sich um und zeigte mir seinen Rücken. „Das hat aber nicht viel von einem Traum, oder?" fragte er.

Seine Kleidung wies vom Nacken abwärts einen großen Riß auf, und auf der Haut darunter waren vier große Krallenspuren zu sehen, die rot durch das zerrissene Tuch schienen. Ohne weitere Diskussion drängte ich ihn zu meinem Zelt, wo ich seine Wunden wusch und verband; und als es ihm sichtlich besser ging, bekam ich von ihm die ganze Geschichte von den Ereignissen der Nacht zu hören.

Es stellte sich heraus, daß sein Zug eine große Verspätung hatte, so daß es ziemlich dunkel war, als er an der Bahnstation von Tsavo ankam, von der aus das Gleis zu meinem Lager durch eine kleine Schneise führte. Er wurde von Abdullah begleitet, seinem Askari-Sergeant, der dicht hinter ihm herging und eine Lampe trug. Alles ging gut, bis sie etwa auf halbem Weg durch die düstere Schneise waren, als einer der Löwen plötzlich von der hohen Böschung auf sie herabsprang, Whitehead wie einen Kegel umwarf und ihm den Rücken solcherart zerriß, wie ich es gesehen hatte. Glücklicherweise aber hatte er seinen Karabiner dabei und feuerte sofort. Der Blitz und der laute Knall müssen den Löwen für ein oder zwei Sekunden betäubt haben, so daß Whitehead sich befreien konnte; aber im nächsten Augenblick stürzte sich die Bestie wie der Blitz auf den unglücklichen Abdullah, mit dem sie sich sofort davonmachte. Alles, was der arme Kerl sagen konnte, war: *Eh, Bwana, Simba!*[24] Als der Löwe ihn über die Böschung schleppte, feuerte Whitehead wieder, aber ohne Wirkung, und die Bestie verschwand mit ihrer Beute schnell in die Dunkelheit. Es war natürlich dieser unglückliche Mann, den ich die Löwen während der Nacht verzehren

---

[24] *Oh, Herr, ein Löwe!*

gehört hatte. Whitehead selbst gelang eine wunderbare Flucht; seine Wunden waren glücklicherweise nicht sehr tief und verursachten ihm nachher wenig bis gar keine Unannehmlichkeiten.

Whitehead an der Stelle des Löwenangriffs.

Am selben Tag, am 3. Dezember, wurden die aufmarschierten Kräfte gegen die Löwen weiter verstärkt. Mr. Farquhar, der Polizeipräsident, kam mit etwa zwanzig *Sepoys* von der Küste an, um bei der Jagd auf die Menschenfresser zu helfen, deren Ruhm sich zu dieser Zeit weit verbreitet hatte, und die aufwendigsten Vorsichtsmaßnahmen wurden ergriffen, indem seine Männer auf den geeignetsten Bäumen in der Nähe jedes Lagers postiert wurden. Mehrere andere Offizielle hatten auch Urlaub genommen und waren gekommen, um sich der Jagd anzuschließen, und jeder von ihnen bewachte einen wahrscheinlichen Ort in der gleichen Weise wie Mr. Whitehead, der meinen Posten in dem Hochsitz auf dem Träger teilte. Außerdem wurde trotz einiger Scherzereien meine Löwenfalle in ständigen Betrieb genommen, und zwei der *Sepoys* wurden als Köder eingesetzt.

Unsere Vorbereitungen waren bei Einbruch der Dunkelheit gänzlich abgeschlossen, und wir alle nahmen unsere verabredeten Stellungen ein. Nichts geschah, bis um neun Uhr zu meiner großen Befriedigung die völlige Stille plötzlich durch das Geräusch der Tür der Falle gebrochen wurde, die herabrasselte. „Endlich", dachte ich, „ist wenigstens eine der Bestien erledigt." Aber was dann folgte, war schmachvoll.

Die Köder-*Sepoys* hatten in ihrem Teil des Käfigs eine brennende Lampe, und waren jeweils mit einem Martini-Gewehr mit reichlich Munition bewaffnet. Sie hatten auch den strengen Befehl bekommen, sofort zu schießen, wenn ein Löwe die Falle betreten sollte. Anstatt dies zu tun, waren sie aber so erschrocken, als er hereinkam und begann, sich wütend gegen die Stäbe des Käfigs zu werfen, daß sie völlig den Kopf verloren und letztlich zu verunsichert waren, um zu schießen. Sie brauchten einige Minuten — genauer gesagt, bis Mr. Farquhar, dessen Posten in der Nähe war, sie anschrie und anspornte — bis sie sich überhaupt erholten. Dann, als sie endlich anfingen zu feuern, schossen sie wild um sich. Whitehead und ich waren im rechten Winkel zu der Richtung, in die sie hätten schießen sollen, und doch flogen uns ihre Kugeln um die Ohren. Insgesamt feuerten sie über zwanzig Schüsse ab, und am Ende gelang es ihnen nur, eine der Schwellen der Tür wegzuschießen, so daß unserer Beute die Flucht besser gelingen konnte. Wie es ihnen gelang, ihn mehrmals zu verfehlen, ist und wird mir immer ein Rätsel sein, da sie mit den Mündungen ihrer Gewehre seinen Körper hätten berühren können. Es war in der Tat etwas Blut in der Falle, aber es war nur ein geringer Trost, zu wissen, daß das Tier, dessen Gefangennahme und Tod so sicher erschienen, nur leicht verwundet war.

Dennoch waren wir nicht völlig entmutigt, und als der Morgen anbrach, wurde sofort eine Jagd veranstaltet. Dementsprechend verbrachten wir den größeren Teil des Tages damit, auf Händen und Knien den Spuren des Löwen durch das dichte Dickicht des dornigen Dschungels zu folgen, doch obwohl wir von Zeit zu Zeit ihr Knurren hörten, gelang es uns nie, tatsächlich zu ihnen zu gelangen. Von der ganzen Jägergruppe gelang es nur Farquhar, einen von ihnen für einen Augenblick zu sehen, als er über einen Busch sprang. Zwei weitere Tage verbrachten wir in gleicher Weise, und mit demselben Erfolg; und dann mußten Farquhar und seine *Sepoys* an die Küste zurückkehren. Mr. Whitehead reiste ebenfalls wieder in seinen Bezirk ab, und ich wurde einmal mehr mit den Menschenfressern allein gelassen.

KAPITEL VIII.

Der Tod des ersten Menschenfressers.

Ein oder zwei Tage nach dem Abschied meiner Ver-
bündeten, als ich meine *Boma* bald nach Sonnenaufgang
am 9. Dezember verließ, sah ich einen *Swahili* aufgeregt
auf mich zulaufen, welcher *Simba! Simba!*[25] schrie, und
über dem Laufen immer wieder hinter sich schaute. Als
ich ihn befragte, erfuhr ich, daß die Löwen versucht
hätten, einen Mann aus dem Lager am Fluß zu
verschleppen, als sie aber darin vereitelt wurden, einen
der Esel angefallen und getötet hätten, und in diesem
Augenblick damit beschäftigt wären, ihn in der Nähe zu
verschlingen. Nun war meine Gelegenheit gekommen.

Ich stürzte davon, um das schwere Gewehr zu holen,
das Farquhar mir freundlicherweise überlassen hatte,
falls eine Gelegenheit wie diese sich bieten sollte, und
von dem *Swahili* geführt, begann ich auf vorsichtigste
Weise, mich an die Löwen heranzupirschen, die, wie ich
gehofft hatte, ihre Aufmerksamkeit ganz auf ihre Mahlzeit beschränkten. Ich kam sehr gut voran und konnte
gerade den Umriß eines von ihnen durch den dichten
Busch ausmachen, als mein Führer unglücklicherweise
auf einen dürren Zweig trat. Das listige Biest hörte den
Lärm, knurrte herausfordernd und verschwand in einem
Augenblick in einem noch dichteren Dschungel in der

---

[25] *Löwe! Löwe!*

Nähe. An dem Gedanken verzweifelnd, daß er mir noch einmal entkommen sollte, kroch ich eilig zurück ins Lager, rief die zur Verfügung stehenden Arbeiter zusammen und befahl ihnen, alle Trommeln, Blechdosen und andere lärmende Instrumente jeglicher Art, derer sie habhaft werden könnten, herzubringen. So schnell wie möglich postierte ich sie in einem Halbkreis um das Dickicht und gab dem Chef-*Jemadar* Anweisungen, mit dem gleichzeitigen Schlagen der Trommeln und Dosen zu beginnen, sobald er beurteilte, daß ich genug Zeit gehabt hatte, um zur anderen Seite herumzukommen. Ich selbst kroch dann herum und fand bald eine gute Position: eine Stelle, die der Löwe am ehesten auf seinem Rückzug gehen würde, da sie in der Mitte eines breiten Tierpfades war, der direkt von dem Ort wegführte, wo er verborgen war. Ich legte mich hinter einen kleinen Ameisenhügel und wartete gespannt. Schon bald hörte ich einen ungeheuren Lärm, der von den vorwärtsgehenden Kulis angehoben wurde, und fast sofort trat zu meiner großen Freude, ein riesiger, mähnenloser Löwe in den Pfad heraus. Es war die erste Gelegenheit während all dieser aufreibenden Monate, bei welcher ich eine freie Schußbahn auf eine dieser Bestien gehabt hatte, und meine Genugtuung über die Aussicht, sie nun erlegen zu können, war grenzenlos.

Langsam ging er den Weg entlang und blieb alle paar Sekunden stehen, um sich umzusehen. Ich war nur teilweise vor seinem Blick verborgen, und wenn seine

Aufmerksamkeit nicht so sehr von dem Lärm hinter ihm abgelenkt gewesen wäre, hätte er mich bemerken müssen. Da er sich jedoch meiner Anwesenheit gar nicht bewußt war, ließ ich ihn etwa fünfzehn Meter an mich herankommen und zielte dann mit dem Lauf meines Gewehres auf ihn. In dem Augenblick, als ich mich bewegte, erblickte er mich und schien sehr überrascht über meine plötzliche Erscheinung, denn er stemmte seine Vorderpfoten in den Boden, setzte sich abrupt hin und knurrte wild. Als ich mit dem Lauf auf seinen Schädel zielte, war ich davon überzeugt, daß er mir endlich absolut ausgeliefert wäre, doch... man sollte niemals einer ungeprüften Waffe trauen! Ich betätigte den Abzug, und hörte zu meinem Entsetzen das dumpfe Schnappen, das eine Fehlzündung verrät.

Es sollte noch schlimmer kommen. Ich war so bestürzt und verwirrt von diesem unvorhergesehenen Unfall, daß ich ganz vergaß, daß noch eine Patrone im linken Lauf war, und das Gewehr von der Schulter senkte, um nachzuladen — wenn mir denn dazu Zeit gegeben würde. Zu meinem Glück war der Löwe von dem schrecklichen Lärm und Aufruhr der Kulis hinter ihm so sehr abgelenkt, daß er, anstatt mich anzufallen, wie zu erwarten gewesen wäre, wieder zur Seite in den Dschungel sprang. Mittlerweile war ich wieder zur Besinnung gekommen, und gerade als er sprang, ließ ich ihm den Inhalt des linken Laufs zukommen. Das wütende Grollen, mit dem er antwortete, sagte mir, daß er getroffen worden war; aber trotzdem gelang es ihm, noch einmal zu entkommen, denn obwohl ich ihn noch eine kurze Strecke verfolgte, verlor ich schließlich auf dem felsigen Boden seine Spur.

Bitterlich verfluchte ich die Stunde, in der ich mich auf eine geliehene Waffe verlassen hatte, und in meiner Enttäuschung und Verärgerung schimpfte ich gleichermaßen heftig über den Besitzer, den Hersteller und das Gewehr selbst. Bei der Entnahme der fehlgezündeten Patrone fand ich heraus, daß der Schlagbolzen nicht getroffen hatte, das Zündhütchen war nur leicht verbeult; so daß tatsächlich die ganze Schuld bei dem Gewehr lag, das ich Farquhar später mit höflichen Danksagungen zurückgab. Aber ganz im Ernst, mein fortgesetztes Unglück war sehr ärgerlich; und das Ergebnis war, daß die Inder mehr denn je in ihrem Glauben bestätigt wurden, daß die Löwen wirklich böse Geister wären, und unverwundbar gegen die Waffen der Sterblichen. Gewiß schienen sie ein vor allen Gefahren geschütztes Leben zu führen.

Nach diesem jämmerlichen Versagen blieb mir nichts anderes übrig, als zum Lager zurückzukehren. Bevor ich dies aber tat, sah ich mir noch den toten Esel an, von dem, wie ich bemerkte, nur ein wenig von der Hinterhand verzehrt worden war. Es ist eine eigentümliche Tatsache, daß Löwen ihre Mahlzeit immer am Schwanz ihrer Beute beginnen und dann nach oben hin zum Kopf fressen. Da ihre Mahlzeit so offensichtlich von vornherein unterbrochen worden war, war ich mir ziemlich sicher, daß die eine oder andere der Bestien bei Einbruch der Nacht zu dem Kadaver zurückkehren würde. Deswegen ließ ich, da es keinerlei Bäume in der Nähe gab, ein Gerüst errichten, das etwa zehn Fuß vom Körper entfernt war. Dieser *Machan*, oder Jagdunterstand, war etwa zwölf Fuß hoch und bestand aus vier Pfählen, die im Boden steckten und sich an der Spitze einander zuneigten, wo ein Brett festgezurrt worden war, um als Sitz zu dienen. Außerdem hatte ich, da die Nächte immer noch stockfinster waren, den Eselskadaver mit starken Drähten an einem in der Nähe befindlichen Baumstumpf festbinden lassen, so daß die Löwen nicht in der Lage wären, ihn wegzuziehen, bevor ich einen Schuß auf sie abgeben könnte.

Bei Sonnenuntergang bezog ich also auf meinem luftigen Hochsitz Stellung, und zum großen Widerstreben meines Waffenträgers Mahina, hatte ich beschlossen, alleine zu gehen. Ich hätte ihn tatsächlich gern mitgenommen, aber er hatte einen schlimmen Husten, und ich hatte Angst, daß er ein unabsichtliches Geräusch oder eine Bewegung machen könnte, die alles verderben würde. Die Dunkelheit brach sehr plötzlich an, und alles wurde außerordentlich ruhig. Die Stille eines afrikanischen Dschungels in einer dunklen Nacht muß man selbst erlebt haben, um sie realisieren zu können; sie ist sehr beeindruckend, besonders wenn man gänzlich allein und isoliert von seinen Mitmenschen ist, so wie ich es damals war. Die Einsamkeit und Stille, und der Zweck meiner Wache, dies alles hatte seine Wirkung auf mich, und von einem Zustand der angespannten Erwartung fiel ich allmählich in eine verträumte Stimmung, die gut mit meiner Umgebung harmonierte. Plötzlich schrak ich durch das Knacken eines Zweiges aus meiner Träumerei auf, und als ich meine Ohren nach einem weiteren Geräusch spitzte, bildete ich mir ein, das Rascheln eines großen Körpers, der sich durch den Busch drückte, zu hören. „Der Menschenfresser", dachte ich mir; „sicherlich wird das Glück heute Nacht auf meiner Seite sein und ich werde eine der Bestien erlegen." Es folgte erneut tiefe Stille; ich saß auf meinem Horst wie eine Statue, jeder Nerv war vor Erregung angespannt. Sehr bald wurde jedoch jeder Zweifel an der Anwesenheit des Löwen zerstreut. Ein tiefes, langgestrecktes Seufzen — ein sicheres Zeichen des Hungers — kam von den Büschen herauf, und das Rascheln begann wieder, als er vorsichtig vorrückte. Nach einem oder zwei Augenblicken sagte mir ein plötzliches Innehalten, dem ein wütendes Knurren folgte, daß meine Anwesenheit bemerkt worden war; und ich begann zu befürchten, daß ich noch einmal enttäuscht werden sollte.

Aber nein; die Sache nahm schnell eine unerwartete Wendung. Der Jäger wurde der Gejagte; und anstatt sich davonzumachen oder an den Köder zu gehen, der für ihn vorbereitet worden war, begann der Löwe heimlich, sich an mich heranzupirschen! Für etwa zwei Stunden versetzte er mich in namenloses Entsetzen, indem er meine irrwitzige Konstruktion immer wieder umrundete und allmählich immer näher heranrückte. Jeden Augenblick erwartete ich, daß er darauf lossprang; und das Gestell war nicht hinsichtlich einer solchen Möglichkeit konstruiert worden. Wenn einer der ziemlich wackeligen Pfosten brechen würde, oder wenn der Löwe die zwölf Fuß emporspringen könnte, die mich vom Boden trennten... dieser Gedanke war kaum ein angenehmer. Ich begann, mich sehr zu „gruseln", und bereute meine Torheit, mich in eine so gefährliche Lage gebracht zu haben, von ganzem Herzen. Ich blieb ganz ruhig, wagte es aber kaum, mit den Augen zu blinzeln: doch die anhaltende Belastung zehrte an meinen Nerven, und meine Gefühle lassen sich besser vorstellen als beschreiben, als um Mitternacht plötzlich etwas angeflogen kam und mir gegen den Hinterkopf prallte. Einen Augenblick lang war ich so erschrocken, daß ich fast von meinem Brett fiel, da ich dachte, daß der Löwe von hinten auf mich gesprungen wäre. Als ich nach ein oder zwei Sekunden wieder klar denken konnte, erkannte ich, dass ich von nichts furchterregenderem als einer Eule getroffen worden war, die mich zweifellos für den Zweig eines Baumes gehalten hatte – unter normalen Umständen keine sehr beängstigende Sache, wie ich zugebe, aber in dem Augenblick, als es geschah, hat es mich fast gelähmt. Das unwillkürliche Zusammenzucken, das ich nicht verhindern konnte, wurde von unten sogleich mit einem finsteren Knurren beantwortet.

Der Bau, von dem aus der erste Löwe erschossen wurde.

Danach hielt ich wieder so still wie ich konnte, wenn ich auch sehr vor Aufregung zitterte; und nach kurzer Zeit hörte ich, wie der Löwe begann, verstohlen zu mir zu schleichen. Ich konnte kaum seine Umrisse ausmachen, als er sich unter dem blassen Unterholz zusammenkauerte; aber ich sah genug für meine Zwecke, und bevor er näher kommen konnte, zielte ich sorgfältig und drückte ab. Auf den Klang des Schusses folgte sofort schreckliches Gebrüll, und dann konnte ich ihn in alle Richtungen springen hören. Ich konnte ihn jedoch nicht mehr sehen, da sein erster Sprung ihn in den dichten Busch getragen hatte; aber um doppelt sicher zu sein, feuerte ich in die Richtung, in die ich ihn stürmen hörte. Endlich ertönte ein mächtiges Stöhnen, das allmählich in tiefes Seufzen überging und schließlich ganz verstummte; und ich war nun überzeugt, daß einer der „Teufel", die uns so lange geplagt hatten, uns nicht mehr beunruhigen würde.

Sobald ich aufhörte zu schießen, wurde von den Männern im Lager etwa eine Viertelmeile entfernt ein Gewirr von fragenden Stimmen über den dunklen Dschungel getragen. Ich schrie zurück, daß ich sicher und gesund, und einer der Löwen tot wäre, woraufhin ein solch mächtiger Jubel aus allen Lagern aufstieg, wie er die Bewohner des Dschungels in einem Umkreis von mehreren Meilen erstaunt haben mußte. In Kürze sah ich Lichter, die durch die Büsche funkelten: jeder Mann im Lager kam heraus, und alle rannten trommelschlagend und hörnerblasend zum Ort des Geschehens. Sie umringten meinen Hochsitz, warfen sich zu meinem Erstaunen auf den Boden vor mir, und begrüßten mich mit *Mabarak! Mabarak!* Rufen, was, wie ich glaube, „gesegnet" oder „Retter" bedeutet. Trotzdem weigerte ich mich, in dieser Nacht irgendeine Suche nach dem Körper des Löwen zu erlauben, für den Fall, daß sein Begleiter in der Nähe sein könnte; außerdem war es möglich, daß er noch am Leben und in der Lage wäre, einen letzten Angriff zu machen. Dementsprechend kehrten wir alle im Triumph zum Lager zurück, wo für den Rest der Nacht großer Jubel herrschte, da die *Swahili* und andere afrikanische Eingeborene den Anlaß durch einen besonders wilden und ausgelassenen Tanz feierten.

Für meinen Teil wartete ich gespannt auf die Morgendämmerung; und noch bevor es ganz hell war, war ich auf dem Weg zum Ort des Geschehens, da ich noch nicht ganz überzeugt war, daß der „Teufel" sich mir nicht vielleicht doch auf unheimliche und geheimnisvolle Weise entzogen haben könnte. Glücklicherweise erwiesen sich meine Ängste als unbegründet, und ich war erleichtert zu sehen, daß das Glück – nachdem es mir so viele ärgerliche Streiche gespielt hatte – sich endlich mir zugewandt hatte. Ich hatte das Blut kaum für mehr als ein paar Schritte verfolgt, als ich beim Umrunden eines Busches erschrak, einen riesigen Löwen direkt vor mir zu sehen, scheinbar lebendig und sprungbereit. Als ich genauer hinsah, überzeugte ich mich, daß er wirklich und wahrhaftig mausetot war, worauf meine Begleiter sich um mich scharten, lachten und tanzten und vor Freude wie Kinder schrieen, und mich im Triumph auf ihren Schultern um den Kadaver trugen. Als diese Danksagungszeremonien vorbei waren, untersuchte ich den Körper und stellte fest, daß zwei Kugeln getroffen hatten – eine direkt hinter der linken Schulter, die offensichtlich das Herz durchdrang, und die andere im Hinterbein. Die Trophäe war in der Tat eine, auf die man stolz sein konnte; seine Länge von der Nasenspitze bis zur Schwanzspitze war zwei Meter und fünfundneunzig Zentimeter, er stand einen Meter und vierzehn

Zentimeter hoch, und es brauchte acht Männer, um ihn zurück ins Lager zu tragen. Der einzige Makel war, daß die Haut sehr zernarbt von den *Boma*-Dornen worden war, durch die er sich so oft gezwungen hatte, um seine Opfer fortzuschleppen.

Der erste Löwe.

Die Nachricht vom Tode eines der berüchtigten Menschenfresser verbreitete sich bald weit und breit über das Land: Glückwunschtelegramme liefen ein, und ebenso ganze Gruppen von Menschen, die die Eisenbahnlinie herauf und hinunter strömten, um die Löwenhaut mit eigenen Augen zu sehen.

KAPITEL IX.

Der Tod des zweiten Menschenfressers.

Man darf nun aber nicht glauben, daß mit dem Tod dieses Löwen unsere Schwierigkeiten in Tsavo zu Ende waren; sein Begleiter war noch auf freiem Fuße, und begann uns sehr bald unangenehm auf diese Tatsache aufmerksam zu machen. Es verstrichen nur wenige Nächte, ehe er einen Versuch unternahm, den Gleisinspektor zu besuchen, die Stufen seines Bungalows hinaufzuklettern und um die Veranda herumzuwandern. Der Inspektor, der den Lärm hörte und dachte, es sei ein betrunkener Kuli, schrie zornig „Geh weg!", aber zum Glück für ihn versuchte er nicht, hinauszugehen oder die Tür zu öffnen. Solcherart enttäuscht von seinem Versuch, eine Mahlzeit aus Menschenfleisch zu erhalten, riß der Löwe ein paar Ziegen des Inspektors und verschlang sie sogleich an Ort und Stelle.

Als ich von diesem Vorkommnis hörte, entschloß ich mich, die nächste Nacht in der Nähe des Bungalows des Inspektors zu wachen. Glücklicherweise gab es eine leere Blechbaracke in der Nähe, mit einer bequemen Schießscharte; und draußen platzierte ich drei ausgewachsene Ziegen als Köder und band sie an eine halbe Eisenbahnschiene mit einem Gewicht von etwa 250 Pfund. Die Nacht verging ereignislos, bis kurz vor Anbruch des Tages endlich der Löwe auftauchte, sich auf eine der Ziegen stürzte und sie mit sich fortriß, gleichzeitig die anderen, die Schiene und alles mit sich schleppend. Ich feuerte mehrere Schüsse in seine Richtung, aber es war stockfinster und ganz unmöglich, etwas zu sehen, so daß es mir nur gelang, eine der Ziegen zu treffen. Ich sehnte mich bei solchen Gelegenheiten oft nach einer Taschenlampe.

Am nächsten Morgen begann ich mit der Verfolgung und wurde von einigen anderen aus dem Lager begleitet. Ich erkannte, daß der Spur der Ziegen und der Schiene leicht gefolgt werden konnte, und wir kamen bald, nach etwa einer Viertelmeile, dort an, wo der Löwe noch mit seiner Mahlzeit beschäftigt war. Er war in einem dichten Gebüsch verborgen und knurrte wütend, als er unser Herannahen hörte, bis er schließlich, als wir näher kamen, plötzlich einen Sprung tat und in großer Geschwindigkeit durch die Büsche stürmte. Im Nu kletterten alle Mann der Jagdpartie hastig auf den nächsten Baum, mit Ausnahme eines meiner Assistenten, Mr. Winkler, der die ganze Zeit stets an meiner Seite blieb. Die Bestie versuchte nicht, ihre Beute mitzunehmen, und nachdem wir Steine in die Büsche geworfen hatten, wo wir sie zuletzt gesehen hatten, vermuteten wir durch das Schweigen, daß sie sich fortgeschlichen hatte. Wir rückten daher vorsichtig näher, und entdeckten, als wir zu der Stelle kamen, daß sie uns tatsächlich entkommen war, und zwei von den Ziegen kaum berührt zurückgelassen hatte.

Da ich dachte, daß der Löwe aller Wahrscheinlichkeit nach wie gewohnt zurückkehren würde, um seine Mahlzeit zu beenden, ließ ich ein paar Meter von den toten Ziegen entfernt ein sehr starkes Gerüst bauen, und bezog dort vor Einbruch der Dunkelheit Stellung. Bei dieser Gelegenheit brachte ich meinen Waffenträger Mahina dazu, eine Wache zu übernehmen, weil ich zu dieser Zeit vom steten Mangel an Schlaf sehr erschöpft war, nachdem ich so viele Nächte wachend verbracht hatte. Ich schlummerte gerade gemütlich ein, als ich plötzlich fühlte, wie mein Arm ergriffen wurde, und als ich aufsah, sah ich Mahina in Richtung der Ziegen deuten. Er flüsterte bloß: *Sher!*[26] Ich ergriff meine geladene doppelläufige Flinte, und wartete geduldig. Nach wenigen Augenblicken wurde ich belohnt, denn als ich die Stelle beobachtete, wo ich erwartete, daß der Löwe auftauchte, ertönte ein Rascheln unter den Büschen, und ich sah ihn verstohlen heraustreten und fast unmittelbar unter uns vorübergehen. Ich entleerte beide Läufe fast gleichzeitig in seine Schulter, und konnte zu meiner Freude sehen, wie er unter der Wucht des Schlags zu Boden ging. Schnell griff ich nach dem Mehrlader-Gewehr, aber bevor ich es benutzen konnte, war er unter den Büschen verschwunden, und ich mußte auf gut Glück auf ihn schießen. Nichtsdestotrotz war ich zuversichtlich, ihn morgens zu erwischen, und machte mich dementsprechend auf, sobald es hell war.

---

[26] *Löwe!*

Mehr als eine Meile lang gab es keine Schwierigkeiten, der Blutspur zu folgen, und da er sich mehrmals niedergelegt hatte, war ich davon überzeugt, daß er schwer verwundet war. Am Ende aber war meine Jagd fruchtlos, denn nach einer Weile hörten die Blutspuren auf, und die Oberfläche des Bodens wurde felsig, so daß ich nicht mehr in der Lage war, der Spur zu folgen.

Um diese Zeit ging Sir Guilford Molesworth, K. C. I. E., späterer Beratungsingenieur der Regierung von Indien für die staatliche Eisenbahn, auf einer Inspektionsrunde im Auftrag des Auswärtigen Amtes durch Tsavo. Er äußerte sein Mitgefühl wegen all der Prüfungen, die wir durch die Menschenfresser erduldet hatten, und war entzückt, daß wenigstens einer tot war. Als er mich fragte, ob ich erwartete, bald den zweiten Löwen zu bekommen, erinnere ich mich nur zu gut an sein skeptisches Lächeln, als ich fast zu zuversichtlich behauptete, daß ich hoffe, ihn ebenfalls im Laufe einiger Tage zu töten.

Wie dem auch war, gab es auch zehn Tage später kein Zeichen unseres Feindes, und wir begannen zu hoffen, daß er im Busch an seinen Wunden gestorben war. Nichtsdestotrotz beachteten wir in der Nacht immer noch jede Vorsichtsmaßregel, und es war ein Glück, daß wir das taten, da sonst mindestens ein wieteres Opfer der Liste hinzugefügt worden wäre. Denn in der Nacht des 27. Dezember wurde ich plötzlich von den erschrockenen Schreien meiner Träger geweckt, die in einem Baum nah vor meiner *Boma* schliefen, mit dem Ergebnis, daß ein Löwe versuchte, an sie heranzukommen. Es wäre Wahnsinn gewesen, hinauszugehen, da der Mond hinter dichten Wolken verborgen war, und es absolut unmöglich war, irgendetwas zu sehen, das mehr als einen Meter vor einem lag; so daß alles, was ich tun konnte, war, ein paar Salven abzufeuern, um die Bestie wenigstens zu vertreiben. Das hatte anscheinend die gewünschte Wirkung, denn die Männer wurden in dieser Nacht nicht weiter belästigt; aber der Menschenfresser war offenbar für einige Zeit herumgeschlichen, denn wir stellten am Morgen fest, daß er in jedes einzelne ihrer Zelte gegangen war, und um den Baum einen regelmäßigen Kreis aus seinen Pfotenabdrücken hinterlassen hatte.

Am folgenden Abend nahm ich, in der Hoffnung, daß er einen weiteren Versuch wagen würde, meine Wache in diesem Baum wieder auf. Die Nacht fing schlecht an, als ich beim Klettern zu meinem Hochsitz meine Hand beinahe auf eine giftige Schlange legte, die sich um einen der Äste gewunden hatte. Wie man sich vorstellen kann, bin ich sehr schnell wieder heruntergekommen, aber einem meiner Männer gelang es, sie mit einer langen Stange herunterzuziehen. Glücklicherweise war die Nacht klar und wolkenlos, und der Mond machte alles fast taghell. Ich hielt bis etwa um 2 Uhr Wache, als ich Mahina weckte, damit er übernehmen konnte. Für etwa eine Stunde schlief ich friedlich mit dem Rücken zum Baum und erwachte dann plötzlich mit einem unheimlichen Gefühl, daß etwas nicht stimmte. Mahina war jedoch aufmerksam und hatte nichts gesehen; und obwohl ich mich nach allen Seiten sorgfältig umsah, konnte ich ebenfalls nichts Ungewöhnliches entdecken. Nur halbwegs beruhigt wollte ich mich wieder zurücklehnen, als ich glaubte, ich sähe ein wenig entfernt etwas unter den niedrigen Büschen. Als ich ein paar Sekunden auf die Stelle hingestarrt hatte, erkannte ich, daß ich mich nicht geirrt hatte. Es war der Menschenfresser, der sich vorsichtig an uns heranpirschte.

Der Boden um unseren Baum war ziemlich offen, mit nur einem kleinen Busch hier und da; und von unserer Position aus war es ein überaus faszinierender Anblick, diese große Bestie zu sehen, wie sie sich verstohlen an uns heranschlich, und dabei jede Deckung nutzte. Seine Fähigkeit zeigte, daß er ein erfahrener Jäger bei dem schrecklichen Spiel der Menschenjagd war: daher entschloß ich mich, kein unnötiges Risiko einzugehen, ihn dieses Mal zu verlieren. Ich wartete also, bis er ganz nah herangekommen war – ungefähr zwanzig Meter entfernt – und feuerte dann meine .303 auf seine Brust ab. Ich hörte, wie die Kugel ihn traf, aber leider setzte sie ihn nicht außer Gefecht, denn er wandte sich mit einem heftigen Knurren um und machte sich mit großen langen Sprüngen davon. Bevor er aber aus meiner Sicht entschwand, gelang es mir, aus dem Mehrlader-

Gewehr noch drei weitere Schüsse abzugeben, und ein weiteres Knurren verriet mir, daß der letzte von ihnen ebenfalls getroffen hatte.

Wir erwarteten mit Ungeduld das Tageslicht, und machten uns beim ersten Schimmer der Morgendämmerung auf, um ihn zur Strecke zu bringen. Ich nahm einen eingeborenen Fährtenleser mit mir, so daß ich die Möglichkeit hatte, stets Ausschau zu halten, während Mahina gleich hinter mir mit einem Martini-Karabiner folgte. Da es reichlich Blutspritzer gab, konnten wir rasch vorankommen; und wir waren nicht mehr als eine Viertelmeile durch den Dschungel gegangen, als plötzlich unmittelbar vor uns ein lautes warnendes Grollen ertönte. Als ich vorsichtig durch die Sträucher lugte, konnte ich den Menschenfresser sehen, der in unsere Richtung starrte und mit einem wütenden Knurren seine Reißzähne fletschte. Ich nahm sofort sorgfältig Ziel und schoß. Sofort fuhr er auf und machte einen entschlossenen Sprung auf uns zu. Ich schoß erneut und warf ihn mit meinem Schuß um; aber im Nu hatte er sich wieder aufgerappelt und kam, so schnell wie er in seinem verkrüppelten Zustand konnte, auf mich zu. Ein dritter Schuß zeigte keine offensichtliche Wirkung, also streckte ich meine Hand nach dem Martini-Karabiner aus und hoffte, ihn damit zu stoppen. Zu meiner Bestürzung war er aber nicht da. Der Schrecken wegen dem plötzlichen Sprung hatte sich als zu viel für Mahina erwiesen, und sowohl er als auch der Karabiner befanden sich zu dieser Zeit bereits auf halbem Wege einen Baumstamm empor. Unter den gegebenen Umständen blieb mir nichts anderes übrig, als seinem Beispiel zu folgen, was ich auch augenblicklich tat: und wäre nicht die Tatsache gewesen, daß einer meiner Schüsse ein Hinterbein des Löwen gebrochen hatte, hätte mich die Bestie ganz sicher erwischt. Und auch so hatte ich schon kaum Zeit, mich aus seiner Reichweite zu schwingen, bevor er am Fuß des Baumes ankam.

Als der Löwe bemerkte, daß er zu langsam gewesen war, begann er, humpelnd zum Dickicht zurückzukehren; aber ehe er dort ankam, hatte ich den Karabiner von Mahina ergriffen, und der erste Schuß, den ich aus ihm abfeuerte, schien ihm den Rest zu geben, denn er fiel nieder und blieb regungslos liegen. Ziemlich töricht stürzte ich sogleich vom Baum herab und ging zu ihm hin. Zu meiner Überraschung und keinen geringen Schrecken sprang er auf und versuchte einen weiteren Angriff. Diesmal jedoch erledigten ihn eine Martini-Kugel in der Brust und eine andere in den Kopf ein für allemal; er fiel in seine Spuren keine fünf Meter von mir entfernt und starb kämpferisch, indem er wild auf einem Zweig herumbiß, der auf den Boden gefallen war.

Zu dieser Zeit waren alle Arbeiter im Lager, angezogen vom Schall der Schüsse, an den Ort des Geschehens gekommen, und so groß war ihr Groll auf die Bestie, die so viele Kameraden getötet hatte, daß es nur mit der größten Schwierigkeit gelang, sie davon abzuhalten, den toten Körper in Stücke zu reißen. Schließlich, unter dem wilden Freudengeheul der Eingeborenen und Kulis, ließ ich den Löwen zu meiner *Boma* tragen, die in der Nähe war. Bei der Untersuchung fanden wir nicht weniger als sechs Einschußlöcher im Körper, und nur ein wenig in das Fleisch des Rückens eingebettet war die Kugel, die ich etwa zehn Tage zuvor vom Gerüst herab auf ihn abgefeuert hatte. Er maß zwei Meter und neunzig Zentimeter von der Spitze der Nasen- bis zur Schwanzspitze, und stand knapp einen Meter einundzwanzig hoch; aber die Haut war, wie im Fall seines Begleiters, von vielen Narben, die durch die *Boma*-Dornen entstanden sind, entstellt.

Der zweite Löwe.

Die Nachricht vom Tode des zweiten „Teufels" verbreitete sich bald weit über das Land, und die Eingeborenen reisten tatsächlich von oben und unten an, um einen Blick auf meine Trophäen und auf den „Teufelstöter", wie sie mich nannten, zu werfen. Das Beste von allem war, daß die Kulis, die abgereist waren, zurück nach Tsavo kamen, und zu meiner großen Erleichterung wurde die Arbeit wieder aufgenommen, und wir wurden nie wieder von Menschenfressern beunruhigt. Es war in der Tat amüsant, die Veränderung in der Haltung der Arbeiter mir gegenüber zu bemerken, nachdem ich die beiden Löwen getötet hatte. Anstatt den Wunsch zu hegen, mich zu ermorden, wie sie es einmal getan hatten, konnten sie jetzt nicht genug für mich tun, und als Zeichen ihrer Dankbarkeit schenkten sie mir eine schöne silberne Schale, sowie ein langes Gedicht, das in Hindustani geschrieben wurde, das alle unsere Versuche und meinen letztlichen Sieg beschreibt. Die Schale werde ich immer als meine am meisten geschätzte und im härtesten Kampf gewonnene Trophäe betrachten. Die Inschrift lautet wie folgt: —

Herr, — wir, Ihre Aufseher, Zeitnehmer, Mistaris[27] und Arbeiter, übergeben Ihnen dieses Schale als Zeichen unserer Dankbarkeit für Ihre Tapferkeit bei der Tötung von zwei menschenfressenden Löwen unter großer Gefahr für Ihr eigenes Leben, wodurch Sie uns das Schicksal ersparten, von diesen schrecklichen Ungeheuern verschlungen zu werden, die nächtlich in unsere Zelte einbrachen und unsere Arbeitskameraden von un-

---

[27] Anmerk. d. Übers.: Handwerksleute.

serer Seite nahmen. Indem wir Ihnen diese Schale
überreichen, fügen wir alle unsere Gebete für Ihr langes
Leben, Glück und Wohlstand hinzu. Wir sollen stets
bleiben, Herr, Ihre dankbaren Diener,

Baboo Purshotam Hurjee Purmar

Aufseher und Sachbearbeiter,

Im Auftrag Ihrer Arbeiter.

Datiert in Tsavo, 30. Januar 1899.

Bevor ich das Thema der „Menschenfresser von
Tsavo" verlasse, kann es von Interesse sein, zu erwähnen,
daß diese beiden Löwen die Unterscheidung besitzen,
die wahrscheinlich unter wilden Tieren einzigartig ist,
daß sie im *House of Lords* vom damalige Premier-
minister ausdrücklich erwähnt worden sind. Von den
Schwierigkeiten, die bei der Errichtung der Uganda-
Eisenbahn aufgetreten waren, sagte der verstorbene Lord
Salisbury:—

„Die gesamte Arbeit kam für drei Wochen lang zum
Stillstand, weil eine Gruppe menschenfressender Löwen
in der Örtlichkeit auftauchte und einen unglücklichen
Geschmack an unseren Arbeitern fand. Schließlich lehn-
ten diese es gänzlich ab ihrer Arbeit nachzugehen.
Natürlich ist es schwierig, unter diesen Bedingungen
eine Eisenbahnlinie zu bauen, und bis wir einen mutigen
Helden gefunden hatten, um diese Löwen loszuwerden,
wurde unser Unternehmen ernsthaft behindert."

Auch der *Spectator* vom 3. März 1900 brachte einen Artikel mit dem Titel *Die Löwen, die die Eisenbahn aufgehalten haben*, aus denen die folgenden Auszüge stammen: —

„Die Parallele zur Geschichte der Löwen, die den Wiederaufbau von Samaria stoppten, muß jedem in den Sinn kommen, und wenn die Samariter auch nur ein Viertel so guten Grund für ihre Ängste wie die Eisenbahnkulis hatten, so ist ihr Wunsch, die örtlichen Gottheiten zu versöhnen, leicht verständlich. Wenn sämtliche Löwenanekdoten, von den Tagen der assyrischen Könige bis zum letzten Jahr des 19. Jahrhunderts, zusammengestellt und zusammengebracht würden, wären sie nicht gleich an Tragik oder Greuel, an Wildheit oder in ihrer schieren unverschämten Verachtung für den Menschen, bewaffnet oder unbewaffnet, weiß oder schwarz, wie die Geschichte von diesen beiden Bestien.

Wie weit führt uns die ganze Geschichte zurück, und wie unmöglich wird es, das Überleben des Urmenschen gegen diese Art von Feind zu erklären! Um das Feuer — das bisher als der sicherste Schutz gegen die Raubtiere angesehen wurde — scherten sich diese nicht. Es ist merkwürdig, daß die Tsavo-Löwen nicht durch Gift getötet wurden, denn Strychnin ist leicht zu benutzen und sehr wirksam[28]. Gift dürfte bereits früh in

---

[28] Ich kann erwähnen, daß Gift ausprobiert wurde, aber ohne Wirkung. Die vergifteten Schlachtkörper von Transporttieren, die an dem Biß von Tsetse-Fliegen gestorben waren, wurden an Flecken

der Geschichte des Menschen verwendet worden sein, da seine Kräfte von den Männern im Regenwald, sowohl im amerikanischen als auch im west-zentralafrikanischen mit seltsamen Fähigkeiten verknüpft werden. Aber es gibt keinen Beweis dafür, dass die alten Bewohner Europas oder Assyriens oder Kleinasiens je zuvor Löwen oder Wölfe auf diese Weise getötet haben. Sie wandten sich an den König oder Anführer, oder einen Meister, um diese Ungeheuer für sie zu töten. Es war kein Zeitvertreib, sondern die Pflicht von Königen, und war an sich ein Titel, um ein Herrscher der Menschen zu sein. Theseus, der die Straßen von Bestien und Räubern befreite; Herkules, der Löwentöter; St. Georg, der Drachentöter, und der ganze Rest ihrer Riege verdanken diesem ihren immerwährenden Ruhm. Aus der Geschichte des Tsavo-Flusses können wir ihre Dienste für den Menschen auch mit diesem zeitlichen Abstand schätzen. Als der Dschungel von Hunderten von Lampen funkelte, als der Ruf von Lager zu Lager ging, daß der erste Löwe tot sei, als die eilenden Massen im mitternächtlichen Wald niedersanken, die Köpfe auf seine Füße legten, und die Afrikaner wilde und zeremonielle Tänze der Danksagung tanzten, mußte Mr. Patterson auf ungewöhnliche Weise wissen, wie es war, ein Held und Erretter in den Tagen gewesen zu sein, in denen der

gelegt, die die Löwen vermutlich aufsuchen würden, aber die schlauen Menschenfresser wollten sie nicht anrühren, und bevorzugten viel mehr lebende Menschen als tote Esel.

Mensch noch nicht unbestrittener Herr der Schöpfung war und jeden Augenblick unter der wilden Herrschaft der Tiere sein Leben lassen konnte."

Die beiden Menschenfresser hatten sich all diesen Ruhm wohlverdient; sie hatten nicht weniger als achtundzwanzig indische Kulis verschlungen, zusätzlich zu den vielen unglücklichen afrikanischen Eingeborenen, von denen keine offizielle Aufzeichnung gemacht wurde.

KAPITEL X.

Die Fertigstellung der Tsavo-Brücke.

Als die ganze Aufregung verebbt und keine Bedrohung mehr durch die Menschenfresser vorhanden war, ging die Arbeit lebhaft weiter, und die Brücke über den Tsavo näherte sich schnell ihrer Fertigstellung.

Der Bau, der Tsavo-Brücke.

Als die Pfeiler in die Höhe wuchsen, mußte die Frage, wie man die großen Steine in ihre Positionen heben sollte, gelöst werden. Wir besaßen keine Kräne für diesen Zweck, also habe ich mich an die Arbeit gemacht und eine Hebemaschine improvisiert, die aus ein paar Dreißig-Fuß-Schienen gemacht wurde. Diese wurden an der Spitze zusammengeschraubt, während die anderen Enden in einem Abstand von etwa zehn Fuß auseinander in einem großen Holzblock befestigt waren. Diese Vorrichtung funktionierte hervorragend, und durch das Bedienen von Seilen und Riemenscheiben wurden die schweren Steine schnell und ohne Schwierigkeiten in Position gebracht, so daß das Mauerwerk der Brücke in sehr kurzer Zeit fertiggestellt war.

Die Steine werden in Position gebracht.

Das nächste Geschäft war, den Sechzig-Fuß-Abstand zwischen den Pfeilern mit eisernen Trägern zu überspannen. Da ich weder Winden noch genügend Blöcke und Gerät hatte, um diese in Position zu hieven, kam ich darauf, in der Mitte jeder Spanne vorläufige Pfeiler zu errichten, in Krippenform aus Holzschwellen gebaut. Große Holzbalken wurden über die Steinpfeiler zu diesen Krippen gestreckt und Schienen darauf gelegt; und der Träger wurde bis zu seinem genauen Platz geführt, während er noch auf den Wagen lag, in denen er von der Küste heraufgebracht worden war.

Die großen Träger werden eingesetzt.

Er wurde als nächstes von den Wägen, die leer weggezogen wurden, „emporgewunden", die provisorische Brücke wurde abgebaut, und der Träger sank schließlich sanft in Position. Als der letzte Träger solchermaßen erfolgreich platziert war, wurde bei der

Verknüpfung mit der dauerhaften Strecke keine Zeit verloren, und sehr bald konnte ich befriedigt zusehen, wie der erste Zug über die fertige Strecke fuhr.

Die großen Träger werden eingesetzt.

Der erste Zug fährt über die fertige Brücke.

Seltsam genug, brach nur etwa einen Tag, nachdem die Brücke fertig war und die dazwischenliegenden Krippen weggeräumt waren, ein ungeheurer Regensturm über das Land. Der Fluß begann schnell zu steigen, überflutete bald seine Ufer und wurde zu einem wütenden trüben Strom, der die Bäume aus den Wurzeln riß und sie wie Strohhalme herumwirbelte. Immer höher und höher stieg die Flut, und wie ich auf meiner Brücke stand, blickte ich auf die beiden provisorischen Draisinenbrücken – welche wir, wie man sich erinnern wird, über den Strom hatten bauen lassen, um Steine und Sand zum Hauptwerk zu bringen – in der Erwartung, daß sie vor dem ständig wachsenden Wasservolumen weichen würden. Ich mußte auch nicht lange warten; denn schon bald sah ich eine feste Masse aus Palmenstämmen und Eisenbahnschwellen mit fast unwiderstehlicher Kraft um die Biegung des Flusses, eine geringe Entfernung oberhalb der Brücke fegen. Dies waren, wie ich wußte, die Trümmer der Draisinenbrücke, die am weitesten oben den Fluß gequert hatte. Heran kam sie, und mit ihr eine weitere Woge stürmisch aussehenden Wassers. Ich hielt den Atem einen Augenblick an, als sie tatsächlich gegen die zweite schwache Struktur prallte; es war ein dumpfer Schlag und ein Zerreißen und Herumwirbeln von Hölzern, und dann rollte die Flut auf mich zu und ließ keine Spur der beiden Brücken hinter sich. Der Aufprall war in der Tat so groß, daß die Schienen sich um die zerbrochenen Baumstämme herumgebogen hatten, als wären sie ganz gewöhnlicher Draht gewesen. Die doppelte Trümmerschicht zog nun vorwärts und schleuderte sich mit einem dumpfen Schlag gegen die Wasserschneider meiner steinernen Brückenpfeiler. Der Aufprall war stark, aber zu meiner ungeheuren Befriedigung widerstand die Brücke ohne ein Zittern, und ich sah, wie die Überreste der provisorischen Brücken durch die großen Spannen wirbelten und schnell auf ihrer Reise zum Ozean verschwanden. Ich bekenne, daß ich das ganze Ereignis mit einem gewissen Stolz erlebt habe.

Die fertige Brücke.

Wir waren in Tsavo nie lange ohne die eine oder andere Art von Aufregung. Wenn das Lager nicht gerade von menschenfressenden Löwen angegriffen wurde, wurde es von Leoparden, Hyänen, wilden Hunden, wilden Katzen und anderen Einwohnern des Dschungels um uns herum besucht. Diese Tiere richteten großen Schaden unter den Schaf- und Ziegenherden an, die gehalten wurden, um das Kommissariat zu versorgen, und es gab immer ein großes Freudenfest, wenn ein Tier in einer der vielen Fallen gefangen wurde, die für sie ausgelegt wurden.

Insbesondere Leoparden sind sehr zerstörerisch; oft töten sie einfach zum Vergnügen und nicht aus Hunger: und ich habe ihnen gegenüber, seit der Nacht, als einer von ihnen eine ganze Herde von mir getötet hatte, stets eine gewisse Feindseligkeit gehegt. Zu dieser Zeit war es üblich, eine Herde von etwa dreißig Schafen und Ziegen zu halten, die ich als Nahrung und zur Milchproduktion gebrauchte, und die bei Sonnenuntergang in einer Grashütte an einer Ecke meiner *Boma* gesichert waren. In einer besonders dunklen Nacht, wurden wir von einem ungeheuren Aufruhr in diesem Schuppen erschreckt, aber da dies war, bevor die Menschenfresser getötet worden waren, wagte es niemand, die Ursache der Störung herauszufinden. Ich dachte natürlich, daß der Eindringling einer der „Dämonen" wäre, aber alles, was ich tun konnte, war, mehrere Schüsse in Richtung der Hütte abzugeben, in der Hoffnung, ihn zu erschrecken und zu verjagen. Trotzdem dauerte es noch einige Zeit, bis der Lärm verstummte und alles wieder still wurde. Sobald es dämmerte, ging ich in den Schuppen, um zu sehen, was geschehen war, und dort sah ich, zu meinem großen Zorn, daß alle meine Schafe und Ziegen steif ausgestreckt und mit durchbissener Kehle auf dem Boden lagen. Ein Loch war durch die zerbrechliche Wand des Schuppens gemacht worden, und ich sah daran sowie an den Spuren drumherum, daß der Urheber der Schlächterei ein Leopard gewesen war. Er hatte kein Tier aus der Herde gefressen, sondern sie alle aus reiner Mordlust getötet.

Ich hoffte, daß er die nächste Nacht zurückkehren würde, um sich eine Mahlzeit zu holen; und sollte er das tun, entschloß ich mich, Rache zu nehmen. Ich verließ dementsprechend die Kadaver genau so, wie sie lagen, und mit einer sehr mächtigen Stahlfalle – wie eine riesige Rattenfalle, und durchaus stark genug, um einen Leoparden zu halten, wenn er seinen Fuß hineinlegen sollte. Ich legte sie in die Öffnung des Stalles und sicherte sie durch eine kräftige Kette an einem langen Pfahl, der draußen in den Boden getrieben wurde. Als die Dunkelheit anbrach, warteten alle in meiner *Boma* ängstlich auf den Lärm, den der Leopard in dem Augenblick machen würde, in dem er in die Falle ginge. Wir wurden auch nicht enttäuscht, denn gegen Mitternacht hörten wir das Schnappen der mächtigen Feder, gefolgt von wütendem Brüllen und Poltern. Ich hatte den ganzen Abend neben einer brennenden Lampe mit meinem Gewehr an meiner Seite gesessen, so daß ich sofort loseilte, gefolgt von dem *Chaukidar*[29], der die Lampe trug. Als wir uns dem Schuppen näherten,

---

[29] Wächter.

machte der Leopard einen wütenden Sprung in unsere Richtung, so weit die Kette es ihm erlaubte, und das erschreckte den *Chaukidar* so sehr, daß er vor Schrecken floh und mich in völliger Dunkelheit zurückließ. Die Nacht war ebenso schwarz wie es die vorherige gewesen war, und ich konnte absolut nichts sehen; aber ich kannte die ungefähre Richtung, in die ich feuern konnte und leerte dementsprechend mein Magazin auf das Tier. Soweit ich es ausmachen konnte, ging es durch die zerbrochene Mauer des Ziegenstalls hin und her; aber nach kurzer Zeit entfalteten meine Schüsse offensichtlich ihre Wirkung, als sein Widerstand aufhörte und alles still wurde. Ich rief, daß es tot sei, und sofort kamen alle in der *Boma* heraus und brachten Laternen an die Stelle. Mit den anderen kam mein indischer Aufseher, der schrie, daß er auch Rache wollte, da einige der Ziegen ihm gehört hatten. Daraufhin zielte er mit seinem Revolver auf den toten Leoparden, schloß seine Augen, und feuerte vier Schüsse in rascher Folge ab. Natürlich hat nicht einer von ihnen das Tier berührt, aber sie verursachten erhebliche Bestürzung unter den Zuschauern, die schnell nach rechts und links auseinanderstoben. Am nächsten Morgen kam eine Gruppe hungernder *Wa Kamba* zufällig vorbei, gerade als ich den Leoparden häuten wollte, und baten mit Gebärden darum, daß es ihnen erlaubt würde, mir die Arbeit abzunehmen und dafür das Fleisch zu nehmen. Ich stimmte diesem Vorschlag natürlich zu, und in wenigen

Minuten war die Haut ordentlich abgenommen worden, und die hungrigen Eingeborenen begannen gierig das rohe Fleisch zu essen.

Wilde Hunde sind ebenfalls sehr zerstörerisch und verursachten oft große Verluste unter unseren Schafen und Ziegen. So manche Nacht habe ich diesen Tieren zugehört, wie sie irgendein armes Geschöpf rund um mein Lager jagten und hetzten; sie verzichten nie auf eine Jagd, und greifen alles an, Mann oder Tier, wenn sie wirklich hungrig sind. Ich war eines Tages an der Tsavo-Bahnstation – leider ohne mein Gewehr –, als einer dieser Hunde herankam und etwa dreißig Meter von mir entfernt stehenblieb. Es war ein schönes Tier, größer als ein Collie, mit pechschwarzem Fell und einem buschigen Schwanz mit weißer Spitze. Es tat mir sehr leid, daß ich mein Gewehr nicht mitgebracht hatte, da ich unbedingt ein Exemplar wollte und sich niemals eine andere Gelegenheit ergab, eines zu bekommen.

KAPITEL XI.

Die Höhle der Menschenfresser.

Es gab einige felsige Hügel, die im Südwesten von Tsavo lagen, die ich besonders bemüht war, zu erkunden, und bei einer Gelegenheit, als die Arbeit wegen des Mangels an Material für den Tag gestoppt worden war, machte ich mich auf den Weg zu ihnen, begleitet von

Mahina und einem Punjabi-Kuli, der so beleibt war, daß er mit dem Namen *Moota*[30] belegt worden war. Im Laufe meiner kleinen Ausflüge um Tsavo entdeckte ich allmählich, daß ich fast immer in der Lage war, meinen Weg zu einem beliebigen Punkt des Kompasses zu machen, indem ich bestimmten, gut erkennbaren Tierpfaden folgte, die ich während meiner Erkundungen nach und nach kartographierte. Bei dieser Gelegenheit zum Beispiel hatten wir, sobald wir den Fluß überquert und uns in den Dschungel geschlagen hatten, das Glück, einen Nashornpfad zu finden, der in die richtige Richtung führte, was unseren Fortschritt wesentlich erleichterte. Als wir uns diesen Weg entlang durch das trockene Bett eines *Nullahs* bewegten, stellte ich fest, daß der sandige Grund hier und dort funkelte, wo die Sonnenstrahlen das dichte Laub durchdrangen. Dies füllte sofort meinen Kopf mit dem Gedanken an Edelsteine, und als der Ort vielversprechend genug aussah, fing ich an, mit meinem Jagdmesser kräftig im Kies zu graben. Nach ein paar Minuten dieser Arbeit stieß ich auf etwas, das im feuchten Sand funkelte, und was ich anfangs für einen prächtigen Diamanten hielt: es war ungefähr anderthalb Zentimeter lang, und seine Facetten sahen aus, als ob sie von einem Amsterdamer Experten geschnitten worden wären. Ich testete den Stein auf meinem Uhrglas und stellte fest, daß er meine Initialen ganz leicht schnitt, und obwohl ich wußte, daß Quarz

---

[30] *Dicker.*

dies auch tun würde, schien es mir doch nicht das allgemeine Aussehen oder die Facetten irgendeines Quarzes zu haben, den ich je gesehen hatte. Für einen Moment oder zwei war ich sehr entzückt über meine Entdeckung und begann, rosige Träume von einer Diamantenmine zu haben; aber so leid es mir tut, muß ich doch gestehen, daß ich bei näherer Betrachtung und Prüfung zu dem Schluß gezwungen wurde, daß mein Fund kein Diamant war, wenn er sich auch gänzlich von jedem anderen Mineral unterschied, das ich je gesehen hatte.

Da meine Hoffnungen, schnell zu einem Millionär zu werden, solcherart zerschlagen wurden, setzten wir unseren Weg fort und gingen weiter und weiter in die Tiefen eines düsteren Waldes. Ein kurzes Stück weiter, bemerkte ich durch eine Lücke zwischen den Bäumen ein riesiges Nashorn, das in voller Ansicht nahe dem Rand einer Schlucht stand. Unglücklicherweise erblickte es uns auch, und bevor ich zielen konnte, schnaubte es laut und stürzte durch das dichte Unterholz davon. Als ich diese Schlucht erforschte, und dabei im erfrischenden Schatten der überhängenden Palmen entlang ging, bemerkte ich zu meiner Linken einen kleinen *Nullah*, der sich durch einen dichten Dschungel und Kriechpflanzen auf den Hauptkanal öffnete. Durch dieses Gewirr lief ein wohldefinierter Bogengang, zweifellos durch die regelmäßige Benutzung von Nashörnern und Flußpferden geformt, so daß ich beschloß, hineinzugehen und zu erforschen, was dahinter lag. Ich war nicht sehr weit gegangen, als ich auf eine große Bucht kam, die durch die Flut des Stromes aus dem Ufer gegraben worden war, und mit einer Ablagerung von feinem, weichem Sand bedeckt war, in dem die undeutlichen Spuren zahlloser Tiere zu sehen waren. In einer Ecke dieser Bucht, dicht unter einem überhängenden Baum, befand sich ein kleiner, sandiger Hügel, und als ich über dessen Oberseite blickte, sah ich auf der anderen Seite eine furchterregend aussehende Höhle, die sich ein beträchtliches Stück unter dem felsigen Ufer zu erstrecken schien. Ich war wie vom Donner gerührt, als ich um den Eingang herum und in der Höhle eine Anzahl menschlicher Knochen fand, mit hier und da einem kupfernen Armreif, wie ihn die Eingeborenen tragen. Zweifellos war dies die Höhle der Menschenfresser! Auf diese Weise und ganz zufällig stolperte ich über die Höhle dieser einst gefürchteten „Dämonen", die ich so viele Tage im erschöpfenden und unendlichen Dschungel gesucht hatte, als sie Tsavo in Angst und Schrecken versetzten. Ich hatte keine Neigung, die düsteren Tiefen des Höhleninneren zu erforschen, aber weil ich dachte, daß vielleicht noch eine Löwin oder ein Löwenjunges darin sein könnte, schoß ich durch ein Loch auf dem Dach einen oder zwei Schüsse in die Höhle. Abgesehen von einem Schwarm von Fledermäusen kam nichts heraus; und nachdem ich ein Photo von der Höhle gemacht hatte, verließ ich gern den

schrecklichen Ort, dankbar, daß die wilden und uner-
sättlichen Untiere, die sie einst bewohnten, nicht mehr
frei herumliefen.

Die Höhle der Menschenfresser.

Ende.